Reconquérir le sacré

Du même auteur

Insoumission française. Décoloniaux, écologistes radicaux, islamo-compatibles : les véritables menaces, Éditions de l'Observatoire, 2021.

Douce France, où est (passé) ton bon sens ? Lettre ouverte à un pays déboussolé, Plon, 2019.

Dans son cœur sommeille la vengeance, Plon, 2018 ; Mon Poche, 2019.

Le monde ne tourne pas rond, ma petite fille, Flammarion, 2017.

Sonia Mabrouk

Reconquérir le sacré

Éditions de L'Observatoire

ISBN : 979-10-329-2451-8
Dépôt légal : 2023, mars
3e tirage : 2023, avril

170 bis, boulevard du Montparnasse, 75014 Paris

À Maman.
À ma Soraya.

Avant-propos

« Nous sommes en guerre. »

Cette phrase a été prononcée sur un ton martial par nos dirigeants, dans différentes circonstances, ces dernières années. En guerre contre l'islamisme, en guerre contre l'épidémie de Covid, en guerre contre l'ensauvagement de nos sociétés, en guerre après l'invasion russe de l'Ukraine : nous sommes, de fait, entrés dans l'ère de la guerre permanente et sur de multiples fronts. Toutes ces menaces, bien réelles, posent tout de même de nombreuses questions. Pourquoi ce besoin irréfrénable de convoquer un vocabulaire toujours plus guerrier ? Comment expliquer notre posture face à l'adversité ? De surcroît, loin de toute apparence de fermeté, c'est au contraire notre éclatante vulnérabilité qui nous explose au visage et devrait nous interpeller. Cette fragilité grandissante est nourrie par une aversion maximale pour le risque. Nous rejetons l'idée même de danger. Tout ce qui est imprévu, tout ce qui relève de ce qui n'est pas maîtrisable nous est insupportable.

Plus nos sociétés occidentales se développent, plus nos technologies se perfectionnent, plus nos savoirs progressent, et plus notre tolérance aux aléas s'amenuise. Nous cherchons à tout contrôler pour dominer. Dans notre schéma de pensée moderne, chaque action a forcément une cause. Si une personne réalise tel acte, c'est parce qu'elle escomptait obtenir tel résultat, et qu'elle pensait y arriver par tel moyen. Au royaume des rationalistes, l'action la plus invraisemblable recouvrira toujours un minimum de rationalité. Tout semble ainsi parfaitement maîtrisé, à condition de ne pas sortir de ce cadre prédéfini : car si tel était le cas, si nous nous aventurions en dehors de ce cercle explicatif, le risque serait alors de se retrouver totalement démunis. Pour éviter cette distorsion que nous considérons comme insurmontable, nous préférons opter pour une rationalisation à outrance.

Tout a donc une explication, car tout doit avoir une explication.

Une telle manière de penser, ou plutôt de ne pas penser, conduit à refouler les causes réelles du danger. Comme l'a mis en avant le philosophe Jean-Pierre Dupuy dans *Avions-nous oublié le mal ? Penser la politique après le 11 Septembre*[1], notre esprit n'accepte pas l'existence du mal pour le mal. Nous avons tellement occulté le mal que tout acte doit obligatoirement avoir une justification rationnelle. Enfermés dans cette logique, nous cherchons désespérément à domestiquer le danger, espérant ainsi contrôler le hasard, défier les aléas et maîtriser les forces de la vie. Évidemment, tout cela est vain. Il nous faut donc admettre qu'il manque une part de l'explication. Et c'est précisément ce qui nous paraît insurmontable. Une telle inaptitude à l'acceptation de l'irrationnel et de l'insensé s'accompagne d'un rejet de la mort, conséquence ultime du risque. Dans *Éloge du danger*[2], Laurent de Sutter explique que redouter le danger revient à être soumis à la crainte d'un pouvoir politique qui mise sur cette angoisse pour se maintenir et se perpétuer. L'auteur nous invite ainsi à réhabiliter la notion de risque que nos sociétés modernes s'emploient à effacer. Si on le refuse, nous serons condamnés à avancer sans boussole, biberonnés aux discours rassurants et lénifiants des gouvernants nous répétant inlassablement et de façon hypnotique que « nous sommes en guerre ». La belle affaire ! La vraie question consiste à savoir avec quelles armes nous menons ces guerres ! Le culte que nous vouons à la rationalité scientifique nous empêche en réalité de nous armer moralement. Le rationalisme a contribué à durablement nous affaiblir. À force de sacraliser et de vénérer à tous crins le progrès, nous nous interdisons de l'interroger.

Mais interroger ne revient pas à remettre en question les fondements de la science. Douter ne revient pas à être complotiste.

Le progrès n'est pas une vache sacrée que l'on se doit d'idolâtrer. Dans nos sociétés matérialistes et horizontales, il est ainsi de plus en plus difficile d'accepter que le progrès ne puisse pas tout.

C'est le drame de notre époque.

Dans *L'Éthique protestante et l'Esprit du capitalisme*[3], Max Weber décrit très bien cette rationalisation globale de l'existence qui conduit au désenchantement du monde. Une rationalisation qui nous empêche de comprendre que tout ne se prévoit pas, ne se quantifie pas et, *in fine*, ne s'explique pas. Pour le philosophe et sociologue allemand, « l'intellectualisation et la rationalisation croissantes ne signifient donc nullement une connaissance générale croissante des conditions dans lesquelles nous vivons. Elles signifient bien plutôt que nous savons ou que nous croyons qu'à chaque instant nous *pourrions*, pourvu *seulement que nous le voulions*, nous prouver qu'il n'existe en principe aucune puissance mystérieuse et imprévisible qui interfère dans le cours de la vie ; bref que nous pouvons *maîtriser* toute chose par la *prévision*. Mais cela revient à désenchanter le monde. Il ne s'agit plus pour nous, comme pour le sauvage qui croit à l'existence de ces puissances, de faire appel à des moyens magiques en vue de maîtriser les esprits ou de les implorer mais de recourir à la technique et à la prévision[4]. »

Cette intellectualisation poussée à l'extrême va engendrer des ruptures cognitives dans notre acceptation des événements subis. Comment en effet concevoir, dans un monde à haute valeur technologique, qu'un virus puisse bouleverser jusqu'au sens même de nos existences et se jouer de tout un arsenal sanitaire ?

Comment imaginer, dans nos contrées sous très haute surveillance, qu'une attaque terroriste fomentée par une poignée d'individus radicalisés ne puisse pas être totalement anticipée par les systèmes de renseignement les plus sophistiqués au monde ?

Comment accepter que le réchauffement climatique puisse nous menacer alors que nous avons le sentiment d'être les propriétaires de la Terre ?

Admettre de tels aléas nous est insupportable. Nos croyances sont sévèrement mises à mal. Notre fantasme de toute-puissance en prend un sacré coup. Le résultat de ce choc cognitif conduit certains d'entre nous à aller jusqu'à remettre en cause des vérités scientifiques et à se jeter à corps perdu dans le bain des *fake news*.

Face à cette solution de facilité consistant à fragiliser tout l'édifice et l'héritage des Lumières, un autre chemin est possible. Sans douter de notre foi en la science, sans jamais renier les avancées de la recherche, sans une seule fois tourner le dos à notre passé, ce chemin nous oblige à réfléchir davantage en dehors du cadre strictement matériel, à sortir du tout-rationnel, à réintégrer dans nos existences le paradigme du tragique, et à prendre en considération l'invisible.

Cela suppose aussi d'accepter de vivre avec des menaces bien réelles, telles que la menace terroriste, le risque de pandémies multiples ou encore l'urgence climatique. Le surgissement de cette somme d'événements graves peut alors être accompagné, ou du moins atténué, par la survivance du sacré. Il s'agit moins de croire en une forme de fatalisme que de se débarrasser de la croyance d'une toute-puissance chimérique, afin de retrouver le goût et le chemin de la sacralité. Le rationalisme occidental nous a aveuglés, nous faisant confondre cause et raison, de sorte qu'à force de tout rationaliser nous nous retrouvons entièrement désarmés lorsque de terribles maux nous frappent.

Or c'est bien l'irréel, l'invisible et le mystérieux qui, aussi paradoxal que cela puisse paraître, nous feront mieux voir et comprendre le réel.

Nos sociétés postmodernes ont, à tort, contribué à la sacralisation de ce qui ne doit pas l'être, oubliant trop souvent l'essentiel qui nous dépasse. Tout est devenu sacré, de sorte que rien ne l'est plus vraiment.

Face à cette perte de sens, il est urgent d'emprunter de manière assumée une autre voie délaissée ces derniers temps : celle d'une résurgence du sacré. Je précise d'emblée que l'utilisation ici du mot « sacré » comme substantif constitue une facilité de pensée et d'écriture. Le sacré, d'un point de vue sociologique, n'existe pas en tant que matière, fluide ou substance. Il serait en réalité plus juste d'évoquer des groupes sociaux, des collectivités qui désignent des entités ou des objets comme étant sacrés. Le sacré est en effet induit ou produit par des configurations sociales, de sorte qu'un individu peut tout à fait être ému par un objet ou un monument défini comme sacré par un groupe, même si cet objet ou ce monument lui sont totalement étrangers. Cet individu se trouve alors saisi par la lignée d'émotions et d'affects conférés par une collectivité humaine.

Maintes fois, dans notre histoire récente, le retour du sacré a été annoncé. Dans la multiplication des groupes de méditation, dans le goût retrouvé des jeunes générations pour les pèlerinages, beaucoup ont vu une résurgence et des manifestations concrètes d'une appétence pour le sacré. C'est probablement un peu vrai, mais il faut encore parcourir un long chemin avant que le sacré n'entre de nouveau de plain-pied dans nos existences et dans notre mode de pensée occidental.

Loin de toute considération divine, le sacré n'est pas uniquement religieux et encore moins mystique ou à caractère spirituel. Comme l'a théorisé Émile Durkheim[5], le fondateur de la sociologie française, les choses sacrées, même si elles sont au cœur de toute religion, ne font pas nécessairement allusion à une force surnaturelle comme Dieu ; elles peuvent aussi s'appréhender au travers d'objets, de monuments, de croix ou de drapeaux.

Le sacré représente ainsi tout ce qui fait le lien au sein de la société, de sorte qu'un athée peut ressentir et être traversé par un fluide sacré sans adhérer à un quelconque dogme.

Relevant essentiellement de l'intériorité, le sacré n'est donc pas forcément d'essence religieuse. Il peut parfaitement revêtir un caractère laïc et civil en s'incarnant au travers de la contemplation de la nature, de monuments, de bâtiments, de lieux, de cérémonies, de commémorations ou encore de chants. Toutefois, notons qu'il reste difficile de séparer, par une frontière étanche, le sacré du religieux. Durant des siècles, le sacré a été éminemment religieux. Tout cela laisse bien évidemment des traces indélébiles.

Ce sont essentiellement les travaux de Georges Bataille[6] et de Michel Leiris[7] qui permettront d'appréhender le sacré païen en dehors du triptyque religion, patrie, morale. Les deux amis décrivent un sacré athée ou immanent à la portée de tous et présent dans notre vie quotidienne.

Le sacré est même décrit comme étant « notre sacré » par Leiris. Loin d'être intouchable, le sacré apparaît alors relativement accessible. À nous de l'imaginer. Dans les moments difficiles de la vie, on entend souvent cette phrase, et peut-être vous est-il arrivé vous-même de la prononcer ou de la penser très fort : « Heureusement que Dieu m'aide et me soutient. » Ne pourrait-on pas le dire aussi pour le sacré ? Le sacré peut incarner un puissant générateur de résilience permettant à l'être humain de mieux franchir les obstacles de l'existence. Depuis trop longtemps, nous l'avons tenu à l'écart de nos sociétés modernes, au point que nous nous interdisons de le convoquer par crainte ou par honte d'être jugé. Cessons ce mouvement mortifère de désacralisation du monde occidental. Croyons de nouveau en un sacré collectif. Nous avons, à tort, refoulé cette notion essentielle à la vie de toute collectivité, comme si, dans l'Occident européen, le sacré nous avait été confisqué.

Nous ne nous rassemblons plus qu'autour de simulacres de sacralité et d'absoluité, comme par exemple les grands événements sportifs. Une finale de Coupe du monde de football, aussi importante et passionnante soit-elle, ne peut pas tenir lieu d'événement sacré. Or, seuls ces grands rendez-vous permettent encore de nous unir pour un temps. C'est particulièrement inquiétant.

Nous sommes en train de remplacer le sacré par le profane. Il est urgent de mettre fin à ce mouvement dévastateur. Dans nos sociétés de plus en plus liquides, il est impératif de renouer avec un sacré revigoré. Nous ne pouvons vivre sans sacré. C'est l'un des sujets, sinon le sujet névralgique de notre siècle.

Toutefois, chers lecteurs, soyez-en avertis si vous ne l'êtes déjà, le sentiment du sacré ne représente pas une voie facile. Il est souvent source d'interdits, de règles, de conflits, voire de grande violence. Il est défini par Régis Debray comme « tout ce qui légitime le sacrifice et interdit le sacrilège[8] ». C'est à l'origine la grande thèse de René Girard et du sacré primitif[9], source de déchaînement de violence. Le sacré peut donc contribuer à notre bonheur, et même à notre survie, tout comme il peut précipiter notre malheur et accentuer une forme de décadence. Ne nous leurrons pas, le sacré n'est pas forcément synonyme de beau et d'élévation.

Une telle vision romantique du sacré a fait son temps. Aujourd'hui, le sacré nécessite une rupture et une acceptation de ce qui est interdit. À ce titre, la phrase-slogan de 1968, « Il est interdit d'interdire ! », a fait beaucoup de mal à notre société, car elle donnait l'illusion que plus rien ne devait être sanctuarisé et protégé, ce qui est totalement faux, et surtout terriblement destructeur pour notre culture et notre civilisation. Il n'y a, au contraire, rien de plus sécurisant que de savoir qu'il existe des interdits et des limites à ne pas franchir, ou sinon la sanction tombe tel un couperet. Respecter l'interdit génère du confort, et non pas des frustrations et des empêchements comme certains idéologues veulent encore nous le faire croire. Le sacré est certes producteur d'interdits et de violences, toutefois, tout est affaire d'équilibre à trouver. Trop se frotter au sacré conduit à un cycle de violences inhérentes à la nature humaine. À l'inverse, chercher à s'en éloigner est synonyme de chaos et de malheurs.

C'est tout le caractère complexe et ambivalent du sacré qu'il s'agit d'apprivoiser pour éviter la désintégration. Comme le dit le neuropsychiatre Boris Cyrulnik : « Quand le rituel ne peut pas s'instaurer, la violence fait irruption[10]. »

Sachons alors retrouver cette harmonie des rituels. Pour l'heure, nous en sommes encore à nous méfier du sacré, à le repousser en dehors de nos vies. Nous sommes devenus en quelque sorte des amputés du sacré. Mais comme ces membres fantômes que ressentent les blessés, nous sentons bien que quelque chose nous manque. Il est temps de se le réapproprier pleinement.

Soyons de nouveau perméables à l'invisible, au mystère et au sublime. Stoppons le mouvement d'enlaidissement de nos existences. Conjurons les époques sans élévation. Chassons les mauvaises ombres qui nous empêchent de penser le monde autrement qu'au travers de machines et de chiffres.

Éprouvons de nouveau l'expérience intérieure, la pratique du repli en soi. Ne désespérons pas de retrouver la voie du sacré.

Dans cet archipel de disgrâce, il se trouve encore des îlots sanctuarisés et préservés de tout mouvement incessant du monde. Soustrayons-nous à l'hypermarchandisation environnante. Dépaysons-nous. Dénichons tout ce qui est encore insoupçonné en nous. À nous d'avoir le courage d'emprunter les chemins existentiels qui y mènent. Ce sont des sentiers intérieurs qui nécessitent silence, solitude, rétractation de nous-mêmes et dissimulation. Il n'y a rien de nouveau ni de révolutionnaire à adopter une telle attitude. Toute notre histoire est jalonnée d'exemples de rétractation, comme au Moyen Âge avec les moines qui optaient pour un repli délibéré, respectant à la lettre le conseil attribuée à Thomas, moine allemand né à Kempen près de Cologne : « *In omnibus requiem quaesivi et nusquam inveni nisi in angulo cum libro* – J'ai cherché le repos partout et ne l'ai trouvé que dans un coin avec un livre. » On peut aussi citer les stoïciens qui ont pour leur part choisi une forme de retraite active. Pour y parvenir, il nous faut identifier les voies de traverse intérieures. Afin de les repérer, soyons fidèles à la maxime d'Épicure : « Dissimule ta vie ».

Optons pour une dissimulation philosophique afin de vivre libre. Libre d'opter pour le sacré. C'est l'objectif de ce livre.

1

Introduction au sacré

Avant de détailler l'impérieuse nécessité d'un retour au sacré, il me semble logique et honnête de vous conter tout d'abord mon expérience personnelle de la sacralité, ou comment le sacré est devenu un sujet essentiel dans ma vie.

Ma conversion au sacré s'est faite en plusieurs étapes. Ce ne fut pas une révélation brutale et soudaine ; plutôt une succession de moments à la fois intimes et universels, un cheminement dans le temps vers des fragments de sacré, une compréhension de quelque chose qui nous précède et qui nous suit, qui en tout cas nous dépasse. Je dirais aussi que, dans mon cas, j'ai reçu le sacré comme on reçoit la foi. À un moment précis, le sacré a fini par s'imposer.

Était-ce le fruit du hasard ou était-ce un événement déjà inscrit en moi ? Impossible à dire. Une chose est sûre, la vie s'en est mêlée, et depuis, tout a changé. Cette métamorphose, je l'ai acceptée comme on accepte ce qui advient. C'est ce que Sylvain Tesson appelle le *pofigisme*, cette attitude mêlant résignation et joie. Lors de cette lente conversion, j'étais précisément dans un état singulier de résignation, à la fois joyeuse et combative. Je n'avais ni doutes ni tiraillements, comme si, sans le savoir, j'étais depuis longtemps à l'affût de ce changement. Comme si j'avais attendu sans vraiment le savoir ce moment d'éveil. Sans trop me poser de questions, j'ai alors fait allégeance au mystère et au réel, car tout cela ne relève pas d'un songe. Il est important de souligner à ce stade que je n'étais pas dans un rêve éveillé. Tout était au contraire bien réel, mais tout relevait aussi d'une autre réalité qui me convenait davantage et qui est aujourd'hui totalement mienne.

Je me suis en quelque sorte confrontée à *l'usage du monde*, selon la formule et le titre du célèbre ouvrage de l'écrivain voyageur Nicolas Bouvier[1]. À une différence près : cette confrontation fut interne et immobile dans mon cas. Je n'ai pas eu à voyager, à me déplacer, à me désédentariser pour en découvrir les effets et la réalité. Dès lors, ce voyage intérieur que je vais vous conter m'a tout de suite rendue plus vulnérable et tout à la fois plus affûtée et réceptive à l'observation du monde et de sa beauté.

Le cheminement vers le sacré a en effet conditionné ma façon de voir le monde. L'immobilisme qui accompagnait ma conversion au sacré a débouché tout à la fois sur une plongée introspective et sur une ouverture à ce qui nous entoure. Ce statisme m'a permis d'avancer sur ce que Frédéric Lenoir[2] nomme *les chemins du sacré*.

Tout cela peut sembler paradoxal. Comment un immobilisme, qui par définition vous fige, peut-il vous permettre de voir un tel défilement des choses et un si grand jaillissement d'imprévus ?

C'est pourtant ce qui est arrivé lorsque le sacré m'est apparu. Ce que certains appellent un voyage intérieur. L'expression est devenue si triviale et courante que vous l'avez sans doute déjà entendue au détour d'une conversation, dans un dîner, comme s'il était évident de pouvoir voyager en soi, et plus précisément, en dedans de soi. Pour ma part, je continue de m'interroger. Comment peut-on devenir un voyageur immobile ? Comment parcourir des kilomètres en ayant le corps figé telle une masse aimantée au sol ? Comment accueillir la nouveauté sans changer de décor ? Comment vivre en ermite en soi ? Comment ressentir le goût de l'aventure sans robinsonnade ?

Certains éléments de réponse sont contenus dans l'aventure du sacré. Une aventure au cours de laquelle votre esprit est en permanence sollicité sans risque de vous abîmer le corps. Il n'y a en effet rien de physique ni de débridé à voyager en soi. Nulle montagne à escalader, aucun cours d'eau à traverser, pas d'animaux à éviter, si ce n'est soi-même et ce que nous allons découvrir en nous. Il n'y a pas non plus de chemin dessiné à l'avance, pas de carte à déplier, de trajet à choisir entre des voies rurales, des autoroutes balisées, des sentiers pleins de ronces, des champs rocailleux ou des coulées forestières peu explorées.

Non, il n'y a rien de tout cela.

Le voyage vers le sacré ressemble davantage à une dissimulation aventureuse qu'à une expédition aventurière. Vous n'êtes pas là pour vous montrer avec bagages et équipements. Dans l'aventure silencieuse du sacré, vous êtes délesté de tout, sauf de ce que vous portez en vous.

C'est une marche de la sobriété qui vous fait découvrir un pays caché, peut-être méconnu, une patrie intérieure, vous-même. C'est aussi une expérience singulière de la perception du temps, au cours de laquelle il faut accepter de laisser s'écouler le temps. Cet écoulement s'apparente à une convocation de la lenteur dans un corps soumis à la frénésie bruyante du monde. Durant ce voyage, vous sortez totalement de la ronde de la société afin d'être en concordance avec vous-même. Le système marchandisé, hyperuniformisé et technologisé, d'un seul coup, n'est plus. Il devient une abstraction à partir du moment où vous provoquez le silence et la dissimulation pour un retour vers vous. Cet échappement vous fait alors prendre le chemin de l'émerveillement. Un chemin de la solitude qui s'apparente à une sorte d'évitement du monde, qui lui-même ressemble à un retour à la terre, au plus profond des interstices et des entrailles du sol.

Dans mon cas, j'ai ressenti physiquement une métamorphose, comme s'il y avait passage d'un état à l'autre, la transformation alchimique d'un matériau de départ vers un autre composite dont je découvrais la nature, une magie semblable à la transformation d'un sol autrefois argileux qui devient subitement granitique.

Je n'ai rien imaginé, j'ai simplement reçu et constaté ce changement. Pour l'observer, il m'a toutefois fallu mettre mon esprit et mon âme aux aguets, et c'est à cette condition que j'ai pu récolter une formidable moisson. Depuis, j'ai appris le silence, la rareté et le vide. De ce vide a jailli un émerveillement. Chaque jour, je me sens désormais redevable de ce qui m'a été donné, comme si j'avais contracté une dette envers le sacré. Je lui suis en quelque sorte redevable à vie de m'avoir éveillée au mystère. Redevable de me permettre régulièrement de me confronter avec le réel, loin de toute abstraction, au plus près de l'incarnation des choses.

Mais tout cela ne se commande pas. Le sacré ne se travaille pas comme un instrument dont il faudrait apprendre le mécanisme ou le solfège pour devenir un virtuose. On ne peut pas convoquer le sacré en espérant qu'il frappe à votre porte au moment voulu et à l'heure dite. Il ne faut pas s'attendre à une apparition de l'ordre du magique. Le sacré ne se crée pas, il ne se décrète pas non plus. Au contraire, il faut se préparer à une longue maturation, à une attente qui peut aussi, au bout du chemin, être vaine. Le sacré se mérite. Il faut savoir et pouvoir en être digne. C'est la raison pour laquelle le chemin qui y mène est escarpé et ardu. Pour l'emprunter, il faut être réceptif au sens qu'en donnent d'autres cultures et d'autres groupes sociaux. Il s'agit alors d'être ouvert à une longue continuité de témoins ayant considéré que tel objet ou tel lieu est sacré. C'est tout le sens de ma démarche. Une démarche certes personnelle, mais qui relève de l'universel.

Cette intimité que je révèle peut toucher, me semble-t-il, à l'intimité de tous. Dans ce monde de vacarme et de violences, j'ai enfin trouvé le silence d'une vie intérieure. Le silence ne s'entend pas ici comme le vide, mais plutôt comme une autre manière de concevoir le temps qui passe. Il s'agit de cesser d'être soumis au temps dicté par les impératifs de la société. À ses risques et périls, car se convertir au silence peut conduire à être traité de marginal, de réactionnaire, voire de contrerévolutionnaire. Mais faisons fi de ces vaines critiques pour nous concentrer sur l'essentiel et décider en toute liberté de notre temps, loin de toute dictature du chronomètre. Je me suis personnellement fabriqué un temps hédoniste qui n'obéit à aucun pointage ni impératif extérieur. À chacun sa manière de le trouver, à chacun sa façon d'habiter ce mystère. Il y a plusieurs chemins qui mènent au silence et au sacré, mais un préalable inévitable : laisser sur le bord du chemin la volonté de tout maîtriser, de tout dominer et de tout rationaliser, une volonté propre à la nature humaine. Une forme de lâcher-prise est absolument nécessaire. Une fois passée cette barrière, qui restera pour certains infranchissable, il faut accepter le sacré en s'abandonnant aux sentiments, même les plus perturbants pour la raison. Il ne sera pas aisé pour tous de s'ouvrir à cette capacité de s'émerveiller. Il est bien plus facile de se replier que de se déployer ! Rares sont les êtres qui se laissent naturellement guider par la grâce, et non par le savoir ou le pouvoir. Tout aussi rares sont les personnes qui vont accepter la solitude et le silence pour aller vers le plein d'émerveillement et le chant du monde. Encore plus rares sont celles qui vont jouir de leur propre compagnie.

Cherchons en nous cette lumière. Je ne cesse de mon côté de la poursuivre. De temps à autre, je crois l'entrapercevoir lorsque j'arrive à me laisser habiter par mes sens, lorsque je parviens à vivre le moment présent. Atteindre cet objectif requiert de s'exercer.

Il faut s'éduquer à vivre le temps présent et ne pas craindre de montrer sa vulnérabilité. Il s'agit là d'un acte de dévoilement en contradiction avec ce que suppose notre société trop centrée sur la force physique et le paraître matérialiste.

Reconnaissons le sacré lorsque, enfin, il vient à nous. Saisissons le recours au sacré comme s'il s'agissait de notre cabane au fond des bois. Engageons-nous dans cette aventure comme le fit le philosophe américain Henry David Thoreau[3], en nous isolant le temps qu'il faut sans jamais totalement rompre avec la civilisation. Réfugions-nous dans le sacré à la manière aussi du *Waldgänger* d'Ernst Jünger, cet être qui choisit de vivre libre en se réfugiant dans les forêts. Bien qu'il n'y ait pas de traduction précise en français pour le terme « *Waldgänger* », il est à rapprocher du rebelle ou du proscrit qui trouve la paix au cœur des forêts en bravant la société. Loin de s'apparenter à une retraite paisible, cette dissimulation dans les bois du rebelle de Jünger symbolise au contraire un cheminement actif et silencieux en dehors des sentiers battus et rebattus par les hommes. Dans *Traité du rebelle ou le Recours aux forêts*[4], l'écrivain allemand appelle à s'éloigner des normes d'un monde qui cherche à nous photocopier à l'infini. Il nous enjoint d'être moins dociles aux slogans et autres lois de la société de surconsommation. Il nous intime de nous désencercler afin de sortir du piège. Il nous appelle à nous enraciner dans l'imaginaire. Il nous prescrit de choisir nos propres contraintes. Il nous prie de ne plus vibrer à l'unisson des masses. Il nous invite à observer sans pour autant quitter le navire. Pour y arriver, il ne suffit pas de fuir et de se retirer dans une forêt loin de la société. Le but n'est pas de *jouer au rebelle*, ce serait bien trop facile et accessible au premier venu. Pour devenir rebelle au sens jüngerien, il faudra se transformer en un être singulier disposant d'un véritable champ de liberté et d'action, comme la forêt. Un tel recours aux forêts est à rapprocher, me semble-t-il, du recours au sacré. Tout comme le recours aux forêts, le recours au sacré n'est pas une expédition, mais une dissimulation pour une introspection. Ce n'est pas une excursion, mais une incursion, comme l'appréhende Ernst Jünger, qui nous demande de trouver ou de retrouver cette forêt intérieure comme si nous étions en pèlerinage.

Une telle quête ardue nous incite à refuser la réification du monde, à opter pour la puissance vitale de la nature face aux grandes forces centrifuges de nos sociétés modernes. Elle nous pousse à l'effort et aux sacrifices. Trouver la forêt ou le sacré doit se gagner. Le rebelle doit donc être prêt à livrer bataille, même si l'issue est incertaine. Muni de sa liberté, il doit refuser son écrasement par la routine du monde et se tenir prêt au jaillissement, à l'affût de l'émerveillement pour ne surtout pas le manquer.

« J'ai reconnu le bonheur au bruit qu'il a fait en partant », a écrit Jacques Prévert. Ne laissons pas le sacré déserter nos vies : il créerait un silence assourdissant, que peut-être nous entendons déjà.

2

Mon cheminement vers le sacré

En vous racontant cette expérience, mon objectif n'est pas de vous convaincre, et encore moins de vous convertir au sacré, mais de vous retranscrire, à la manière d'un greffier dans un tribunal, cette métamorphose à la fois lente et soudaine qui fut la mienne.

Mon premier souvenir remonte à l'enfance. Cette imposante bâtisse construite à la fin du XIXe siècle m'avait toujours impressionnée. De style byzantin mauresque, surplombant la baie de Carthage près de Tunis, la cathédrale Saint-Louis n'était plus un lieu de culte depuis 1963. Transformé en un lieu de culture pour accueillir d'innombrables expositions et concerts, le bâtiment a toujours conservé, à mes yeux, un caractère hautement mystérieux. Les rares fois où j'ai pu assister à un événement sous les multiples vitraux décorés de figures et d'arabesques, je l'ai vécu comme un blasphème. Le mot est à peine exagéré, tant j'estimais que ce lieu devait renfermer à tout jamais le souvenir de saint Louis, roi de France, mort à Carthage en 1270. Les concerts de musique qui s'y tenaient, fussent-ils magnifiques, contribuaient, de mon point de vue, à détourner l'âme de ce lieu. Chaque note provoquait en moi l'effet d'une déflagration. Je ne prétends pas qu'il ne fallait rien imaginer dans cette cathédrale, que tout autre usage aurait représenté de fait un sacrilège. Bien au contraire, la structure aurait pu, par exemple, revêtir une mission d'hospitalité pour les plus vulnérables, à l'image du rôle missionnaire en Afrique ; c'eût été sans doute moins perturbant que la somme de manifestations qui s'y tenaient et qui venaient régulièrement rompre la quiétude du lieu.

Et lorsque enfin les concerts s'achevaient et que le silence reprenait la place qui lui était due, on pouvait retrouver les éclats de lumière qui éclairaient l'âme de ceux qui, quelles que fussent leurs croyances, se laissaient imprégner par le récit de l'édifice religieux.

J'avais pour ma part une relation quasi charnelle, un lien organique avec cette cathédrale. Cet attachement allait bien au-delà du simple attrait esthétique ou spirituel que m'inspirait le monument. Comme si certaines pages du feuilleton de ma vie étaient gravées dans ses pierres et sa voûte en berceau nervée. Ce lien qui m'unissait à la bâtisse relevait davantage de l'ordre du cœur que de la raison ou de l'esprit. Enfant, lorsque je contemplais depuis ma fenêtre ce monument, j'étais fascinée par le jaillissement de son architecture, par la force d'une telle portance. J'avais pris l'habitude, chaque matin, avant d'emprunter le chemin de l'école, de contempler de loin les clochetons, les pilastres et autres arcs-boutants de « mon » monument, au point d'en acquérir une connaissance intime, comparable à la connaissance que chacun peut avoir du corps de l'être aimé. Je pouvais ainsi décrire, les yeux fermés, la forme des épais contreforts qui le soutenaient, les courbures de ses lignes, les dimensions de tous les services nécessaires au culte, services allant des petits cloîtres jusqu'aux multiples sacristies. J'imaginais aussi l'abondante lumière qui l'inondait.

Et même si chaque matin j'observais le même monument, depuis la même fenêtre, dans la même direction, l'image qui m'était renvoyée n'était jamais vraiment la même.

Et chaque matin, je pressentais que ma « première fois » à l'intérieur du monument, quelques années plus tard, forcément me rappellerait le monde enchanté de l'enfance. J'avais le pressentiment d'un rendez-vous ou d'une rencontre. Je rêvais de ce moment, en espérant un symbole, un signe, une poésie. Peu importe le risque bien réel de surinterprétation des événements, j'assumais le fait de croire en de telles manifestations. À vrai dire, je préfère encore mille fois me forcer à voir des signes que de douter de chaque événement du monde.

C'est ainsi qu'un après-midi j'ai touché du doigt ce que j'espérais. Durant des années, je n'avais pas vraiment prêté attention comme il se devait à cet environnement qui m'attirait et m'entourait, jusqu'à ce jour de décembre 1994 où j'ai offert ma patience et mon attention aux éléments qui le constituaient. Tout cela a demandé des efforts pour être capable de capter la rareté du sacré qui représente, au bout de l'attente, l'ultime récompense. À ce moment précis, dans cette cathédrale surplombant la baie de Carthage, à l'intérieur de « mon » monument, *j'avais le sentiment d'être là où je me devais d'être*. Cette magnifique phrase que j'emprunte à Karen Blixen dans *La Ferme africaine*[1] est sans doute trop puissante pour être transposée à ce que j'ai vécu. Lorsque Karen Blixen la prononce en foulant le sol africain, elle rencontre, dans un moment suspendu, sa destinée. Mon objectif n'est pas de tracer ici un parallèle présomptueux et certainement déplacé avec un tel moment qui revêt un caractère unique ; toutefois, je crois que chacun d'entre nous a son moment, son hapax existentiel tel que l'a défini le philosophe et musicologue Vladimir Jankélévitch, et ce jour-là, ce fut, modestement, le mien. Et il a été unique à bien des égards. Je ne vais pas m'étendre sur le tressaillement intérieur ressenti ni sur le saisissement qui m'avait envahie.

D'ailleurs, mis à part le fait que j'aurais le plus grand mal à décrire cet état, mon objectif n'est pas de tout nommer et encore moins de tout décrire comme le ferait un rationaliste emmuré dans son obsession de tout retranscrire pour mieux tout maîtriser. Je me méfie beaucoup de ces personnes qui, à la manière de petits comptables de la vie, cherchent à tout étiqueter dans le monde, comme si nous étions dans un supermarché planétaire. Je préfère vous laisser imaginer.

La seule chose que je puisse affirmer avec certitude est que je n'ai pas imaginé ce moment – au sens où je l'aurais fabriqué et inventé de toutes pièces –, mais l'ai simplement interprété. Dans *Variété II*, au chapitre « Petite Lettre sur les mythes », Paul Valéry écrit que les « anciens hommes [les hommes antiques] mettaient leur philosophie à peupler l'univers aussi ardemment que nous mîmes plus tard la nôtre à le vider de toute vie[2] ».

C'est dans cette optique que j'assume de voir des signes plutôt que de vider le monde de toutes ses manifestations. C'est pour cette raison que j'ai décidé d'engager, de manière un peu bravache, un bras de fer avec la réalité trop brute, trop violente, trop bruyante, pour tendre vers une extra-réalité. Il m'est infiniment plus agréable d'imaginer un chatoiement plutôt que de douter de tout reflet naissant. Je trouve tellement plus poétique de nous accrocher à ce qui nous élève que de pinailler sur ce qui nous divise. Je reste convaincue qu'il vaut mieux ne pas tout savoir plutôt que de chercher à dévoiler l'envers du décor. Je vais de nouveau citer Paul Valéry qui, par cette question, résume mon état d'esprit depuis ma conversion au sacré : « Que serions-nous donc sans le secours de ce qui n'existe pas ? »

À partir de ce moment précis où j'ai compté sur le secours de ce qui n'existait pas, s'est ensuivie la fin d'une certaine errance et le début d'une marche, ou du moins d'un mouvement, qui allait définitivement ancrer en moi un appétit de sacré. Comme si je disposais de deux corps. L'un, bien réel, présent dans cette cathédrale. Et puis un autre, ignorant l'apesanteur, faisant fi de toutes les réalités terrestres et s'accordant une danse avec la mélodie du sacré.

Durant cette expérience, le langage du corps est essentiel. Tout était très physique, sensoriel, et en même temps, métaphysique. Le sacré éveille les sens, ravive des souvenirs, dessine le contour de visages oubliés ou enfouis dans les profondeurs de notre mémoire. Il peut convoquer ce que nous avons tenu très loin pour le planter là, juste devant nos yeux, de sorte que le sacré recherché est en réalité déjà contenu en nous. Tous ces visages, ces émotions, ces apparitions ont été simplement révélés par le surgissement du sacré.

À ce stade, je voudrais redire qu'une telle manifestation ne va pas forcément de pair avec la foi. Les personnes athées peuvent et sont souvent les témoins de tels jaillissements.

Une pensée laïque est tout aussi sensible au sacré qu'une pensée plus fervente et pieuse. Tout est alors question d'interprétation.

De mon côté, j'entamai dès lors une vaste chasse au trésor, une quête de fragments de sacralité, de diffraction du sacré, de chatoiement du spirituel et d'efflorescence du mystique. Tel un chercheur d'or muni de son appareil d'orpaillage, je n'ai cessé depuis cet instant d'être attentive à ce qui m'entourait. J'ai fait allégeance au sacré pour mieux le traquer. Et il m'est arrivé de le rencontrer, à plusieurs reprises, en tendant l'oreille et l'âme, lorsque, par exemple, le chant du muezzin retentissait dans les rues de Tunis, d'Istanbul ou du Caire. Ce n'est pas tant la signification de l'appel à la prière qui m'interpellait que la puissance qui se dégageait de cette mélopée lorsqu'elle enveloppait des quartiers entiers au bord de la Méditerranée ou du Bosphore. À ce moment précis, la délimitation entre moi et ce qui m'entourait devenait infime, presque inexistante. Cette sensation à la fois fascinante et inquiétante pourrait être rapprochée du sentiment océanique tel que décrit par Romain Rolland dans ses correspondances avec Freud[3], à savoir le sentiment d'un état sans frontière ni borne, quelque chose d'océanique.

Dès que ces chants viennent déposer leur épais manteau sur l'incessant vacarme des villes, je suis immédiatement saisie du même tressaillement que sous la nef de la cathédrale Saint-Louis de Carthage. Tout devient alors plus harmonieux pour qui a la capacité de tendre le cœur. Fascinantes sont les variations dans les voix d'or de ces muezzins. Sont-elles d'ailleurs de nature humaine ? Bien sûr, ce sont des voix d'hommes qui appellent à la prière, mais la puissance de leurs vocalises me renvoie à une présence indéterminée. Ce cantique me transporte instantanément vers de vastes jardins aux plantations luxuriantes et aux terrasses ornées de chapelets de bougainvilliers roses et blancs. Là, dans un entrelacs de feuillage, les oiseaux se réfugient, posés comme de fragiles danseuses sur d'éphémères perchoirs. Tout est propice à la contemplation. Maintes fois, adolescente, j'entrepris ce voyage lorsque, aux aurores, vers cinq heures du matin, le chant du muezzin me tirait de mon endormissement pour me faire emprunter un chemin cahoteux menant au bourdonnement de l'âme et à l'instant de paix intérieure.

Cette émotion qui me semble très ancienne convoque une longue lignée de générations dont je me sens partager les croyances et la culture. D'où vient cette mémoire du corps qui renvoie à des temps anciens et à une forme de puissance fondatrice ?

Dans les *Pensées* de Pascal, la description du vide dans la vie des hommes sans Dieu m'avait profondément troublée. « L'Ecclésiaste montre que l'homme sans Dieu est dans l'ignorance de tout et dans un malheur inévitable. Car c'est être malheureux que de vouloir et ne pouvoir. Or il veut être heureux et assuré de quelque vérité, et cependant il ne peut ni savoir ni ne désirer point de savoir. Il ne peut même douter[4]. »

Est-ce pour fuir cette sensation de néant que je me suis mise à éprouver cette subtilité sacrée et à toucher du doigt un lointain si proche ? Comment expliquer ce changement d'état quand nous passons du domaine du profane au domaine du sacré ? Car il y a bien un changement au plus profond de son être. Ce basculement se traduit par une attitude autre qui n'est pas une posture, car il n'est pas question ici de faire des promesses de lendemains meilleurs.

Le sacré n'est pas une sinécure, loin de là, il peut engendrer violences, conflits et grandes désillusions.

Toutefois, malgré ces grands risques, l'appétence pour le sacré ne m'a plus jamais quittée. Ma fascination est intacte quand j'évoque par exemple l'ambiance qui régnait dans la synagogue de la Ghriba, sur l'île de Djerba, synagogue que je n'ai pourtant visitée qu'une seule fois. Ce lieu, marqueur identitaire puissant des juifs de Tunisie et d'ailleurs, recèle une force singulière qui invite au voyage intérieur. Pourquoi ai-je ressenti une telle émotion lors de ma venue ?

Il faisait près de 40 °C ce jour-là. Un soleil implacable s'abattait sur les paysages sans laisser la moindre chance à une jeune pousse verte de survivre quelques heures. Tout était desséché à des kilomètres à la ronde, et pourtant ce paysage m'inspirait richesse et abondance. Le tournoiement du vent, le blatèrement des chameaux, l'appel incessant des vagues qui s'écrasent sur les rochers : mille et une mélodies faisaient oublier l'apparente aridité de cette terre craquelée par le poids du soleil et des hommes.

Je me sentais si présente dans ce paysage ! Si petite, mais si présente ! Petite face au sublime de ce qu'il m'était donné de contempler. Tout était grand, digne, déployé, infini. Le mot qui m'est venu immédiatement à l'esprit était celui de *ravissement*.

Dans l'immensité de ce paysage, derrière les colonnes d'oliviers, on pouvait apercevoir son architecture modeste. Le monument de la Ghriba, d'une blancheur éteinte, n'a vraiment rien d'impressionnant. Il ne reste que peu de ressemblances avec le décor d'origine. Ce qui m'interpellait davantage, c'était son nom. La Ghriba. Pourquoi la Ghriba, qui signifie en arabe « l'étrange » ? Assis non loin du lieu, un vieil homme au visage sec et osseux, vêtu d'une gandoura noire ornée d'un fil d'or, qui semblait porter sur ses épaules tout le poids de sa vie, me raconta l'histoire, ou plutôt l'une des histoires, de la Ghriba.

Tout commence avec la présence d'une femme mystérieuse et solitaire que redoutaient les habitants du village. Ils en avaient tellement peur qu'un soir, alors que sa hutte était en proie aux flammes, ils n'ont pas osé l'approcher pour secourir la malheureuse. Le lendemain matin, dans un tas de cendres et de graviers, découvrant le corps intact de cette jeune femme sans vie, les villageois comprirent qu'elle était une sainte et non un démon. Ils décidèrent alors d'ériger un sanctuaire à sa mémoire, la Ghriba, « l'étrange ». Le mythe veut que le corps de cette femme ait été enterré sur le site, dans une grotte, précisément sous l'arche sainte abritant les rouleaux de la Torah. Chaque année, lors du pèlerinage, le trente-troisième jour de la Pâque juive, les femmes déposent, en son nom, des bougies et des œufs dans l'espoir d'un mariage, d'une naissance ou d'une guérison.

Quand le vieil homme eut fini son récit, une question me brûlait les lèvres : croit-il vraiment à cette histoire ? L'immédiateté de sa réponse m'a bouleversée. « Avez-vous un seul élément qui prouverait que ça n'aurait pas existé ? », me dit-il du tac au tac. Je restais sans réponse, soufflée par l'infaillibilité de son argumentaire. Le vieil homme avait raison. J'avais autant de preuves – ou plutôt d'indices – de l'existence de ce mythe que d'éléments arguant de son inexistence. Pourquoi alors trancher en faveur de la dernière hypothèse ? Ne vaut-il pas mieux y croire comme le pense cet homme si élégant par sa grandeur résignée ? Alors que j'étais perdue dans mon raisonnement, il entama un lent mouvement pour se lever. Son corps longiligne se dépliait péniblement. Bien que fatigué et amaigri, il semblait avoir l'éternité pour lui. D'un geste large, il m'indiqua l'entrée de la Ghriba.

Ce jour-là, en pénétrant dans l'édifice d'où jaillissaient des conversations en hébreu, en arabe, en français ou encore en araméen, je ressentis au plus profond de mon être la présence de cette sainte, cette femme étrange, autrefois fuie, aujourd'hui vénérée. J'éprouvai aussi tout le poids de l'histoire de ce lieu.

Selon la légende, une pierre du temple de Jérusalem avait été intégrée aux fondations de la synagogue. Portée par ce récit, enveloppée par les multiples fenêtres au verre coloré, un sentiment de sacré semblable au « sentiment religieux » tel qu'appréhendé par Henri Bremond[5] me saisit. Au milieu de tous ces pèlerins, dans ce bâtiment imprégné d'une ferveur cosmique, le besoin de me relier à un absolu m'apparut vital. L'élan vertical de cette bâtisse, fût-elle modeste par son architecture, me poussait lentement mais sûrement vers un ailleurs familier. Je me sentais appartenir à une communauté dont les prières ne sont certes pas les miennes, mais dont l'ordre millénaire me semblait coutumier. Dans cette synagogue, je n'étais ni tout à fait une étrangère ni tout à fait une fidèle.

Cette même expérience intime se manifeste aussi lorsque, chaque année, résonnent les cérémonies du 18 Juin au Mont-Valérien. Dans ce haut lieu de la mémoire nationale, je retrouve une résonance familière. Comme l'écrivait Pascal, « Tu ne me chercherais pas si tu ne m'avais trouvé ». Le sacré que l'on cherche est en réalité déjà en nous. Nous parcourons des milliers de kilomètres à sa recherche alors qu'il est juste là, en nous, tel un souvenir enfoui qui s'est peu à peu fossilisé avec le temps.

Saint Augustin ne disait pas autre chose dans ses *Confessions* : « Tard je T'ai aimée, Beauté ancienne et si nouvelle ; tard je T'ai aimée. Tu étais au-dedans de moi et moi j'étais dehors, et c'est là que je T'ai cherchée[6]. »

La Ghriba, la cathédrale Saint-Louis, les mosquées d'où surgissent l'appel du muezzin, la crypte du Mont-Valérien, tous ces lieux délimités par des murs ou des frontières représentent autant de terres d'où s'échappent des fragments de sacré, d'invisible.

Ce sacré familier peut être religieux ou laïc, et même athée. Je n'associe pas le sacré au divin, ni au surnaturel, et j'aurai l'occasion de l'expliquer tout au long des chapitres de ce livre. Dès lors, il suffit d'être attentif pour percevoir ces fragments. Nul besoin de croire pour se convertir au sacré. Il suffit d'entrer dans un domaine imbibé d'intouchable et d'absolu, où ce qui est sacré n'est pas monnayable, contrairement à tous les biens marchands qui nous entourent.

Le sacré ne se vend pas, ne s'achète pas, il est impossible d'en fixer une valeur et encore moins un prix. Et lorsqu'il est arrivé, dans l'histoire, que des religieux se fussent rendus coupables d'un tel trafic de choses spirituelles, trafic connu sous le nom de simonie, leur châtiment fut cruel. À l'inverse, si le sacré est sanctuarisé et respecté, alors il peut donner lieu à un voyage très séduisant. Toutefois, une telle invitation au voyage ne doit pas occulter le côté obscur du sacré qui peut faire peur et même terrifier. Dans son immense ouvrage, *La Violence et le Sacré*, l'anthropologue et philosophe René Girard montre que le sacré vise avant tout à contenir toute forme de violence. Néanmoins, et aussi paradoxal que cela puisse paraître, il peut aussi, en dehors de ses frontières, incarner un déluge absolu de violences.

Dans la thèse girardienne, la violence en dehors du sacré se matérialise par le sacrifice. Le sacrifice du « bouc émissaire » constitue à la fois un acte de violence, mais aussi un moyen de l'éviter et de la conjurer puisque la victime devient sacrée par son sacrifice, permettant ainsi de ramener la paix au sein du collectif.

La question est alors de savoir si le sacré permet d'annihiler toute violence ou si, à l'inverse, il est un vecteur, voire un accélérateur, de désordre.

Nous aborderons ce point essentiel dans les prochains chapitres. Notons déjà que cette ambivalence imprègne la notion même de sacré. Sans compter le choc de sacralités qui peut découler de la rencontre de cultures différentes. En effet, ce qui est sacré pour les uns ne l'est pas forcément pour les autres.

À ce titre, il serait d'ailleurs plus juste d'user du partitif, « *du* sacré », que du défini, « *le* sacré ». Il est tout à fait illusoire d'imaginer une sorte de sacré universel qui pourrait convenir à tous, même si la notion de sacré est universelle puisque le mot existe dans quasiment toutes les langues. Reste que la notion de sacré paraît hautement dangereuse, car génératrice de lourds conflits potentiels. Le scénario d'un choc des sacralités n'est donc pas une vue de l'esprit, mais un risque bien réel.

La coexistence des sacralités constitue de ce fait l'un des défis majeurs de nos civilisations. Toutefois, et malgré ce danger certain, le sacré nous est indispensable.

Nous avons besoin de nous accrocher à ce qui nous dépasse. En ces temps troublés, ce raccordement me paraît fondamental. C'est une question tout à fait contemporaine, véritable impensé et refoulé dans nos sociétés modernes. Pourquoi avons-nous tant de réticences à penser ce sacré ? Ou plus précisément, pourquoi le sacré effraie-t-il l'Occident ? Pourquoi avons-nous feint de ne pas voir les signes envoyés lors de l'incendie de la cathédrale Notre-Dame de Paris, lorsqu'une avalanche de plomb en fusion mangeait l'édifice en même temps qu'elle rongeait notre civilisation ? Je ne qualifie pas l'incendie de signe divin en tant que tel, mais plutôt de signe religieux, au sens où nous avons ressenti collectivement, bien au-delà de nos croyances respectives, une émotion religieuse. Mais où est passée aujourd'hui cette émotion si furtive ?

Pourquoi un tel aveuglement ? Pourquoi cette indifférence ? Est-elle consciente ? À toutes ces questions, je n'ai pas de réponse certaine. Et d'ailleurs, l'essentiel n'est pas d'en trouver. Il est d'être aux aguets pour se réapproprier le sacré, pour reconnaître la fragilité des choses et tenir son « âme en haleine[7] », comme l'écrit Montaigne. Notre conception occidentale du monde a gommé cette part d'invisible qui nous manque tant aujourd'hui. Cet effacement nous a conduits à chercher à tout prix à assouvir tous nos besoins. Or, une grande partie de nos malheurs vient justement de notre conviction erronée selon laquelle le non-assouvissement de nos désirs serait un échec. Il est temps d'accepter l'idée de ne pas arriver à assouvir l'ensemble de ses besoins. Le non-accomplissement est aussi un accomplissement au sens où le néant peut aussi constituer le plein, et non pas le vide et donc l'absence. J'approfondirai cette vision, ou plutôt cette philosophie, dans le chapitre 12 intitulé « Le sacré et la Bhagavad-Gita ».

3

Le sacré est l'avenir de l'humanité

Peut-on se passer du sacré ? Dans *L'Homme et le Sacré*[1], Roger Caillois explique que « le sacré est ce qui donne la vie et ce qui la ravit, c'est la source d'où elle coule, l'estuaire où elle se perd ». Le sacré apparaît comme un pont entre ici et ailleurs. Un lointain tout proche. Une sorte de va-et-vient entre les connaissances que détient l'être humain et l'énergie vitale qu'il déploie. Comment, dans de telles conditions, se passer d'une telle force ? Il me semble que cette question symbolise l'un des plus grands défis de l'Occident européen. Notre civilisation a-t-elle définitivement remplacé le sacré par le profane ? Selon la grande distinction effectuée dans la tradition de la sociologie religieuse, le sacré s'oppose au profane. Émile Durkheim[2], l'un des fondateurs de la sociologie moderne, affirme que tout être humain partage son existence entre le sacré et le profane. Une autre différence entre sacré et profane tient en leur délimitation. Contrairement au profane, le sacré s'applique à des territoires, à des espaces bien délimités. Comme l'a défini le géographe américain Yi-Fu Tuan[3], il existe une délimitation sacrée, un *sacred space*. À l'échelle humaine, la question est de savoir quelle part accorder à ces deux facettes antagonistes mais indispensables l'une pour l'autre. Tandis que le profane est représenté par le monde matériel tel qu'il nous entoure, le sacré renvoie quant à lui à un jaillissement de forces à la fois intimes et universelles. Chacun d'entre nous cherche le bon équilibre entre ces deux mondes, l'harmonie entre ces deux règnes. Pour certains, cette quête sera éternelle. Pour d'autres, elle sera vaine puisqu'ils ont d'emblée choisi de bouter toute trace de sacré hors de leur existence. Mais qu'est-ce que l'homme sans sacré ? Peut-on éviter toute forme de sacré ? Que l'homme puisse vivre sans religion est une chose, mais qu'il s'interdise tout sentiment sacré, y compris du sacré en dehors du religieux, en est une autre. Comment est-ce possible ? Avant de tenter de répondre à une telle question, il est impératif de savoir de quel sacré nous parlons. S'agit-il d'une émotion venant du plus profond de soi, ou bien de fragments de sacré induits par les systèmes religieux ? Dans *Le Sacré hors religions*, essai pluridisciplinaire écrit sous la direction de Françoise Champion, Sophie Nizard et Paul Zawadzki, il est expliqué que « le sacré se déplace hors religions vers le domaine de l'existentiel, de la vie personnelle, mort, sexualité, souffrance, âge de la vie, procréation[4] ». Dans une telle optique, le sacré s'articulerait en dehors de la sphère strictement religieuse, de sorte qu'il s'incarnerait dans une somme de rites dénués de signification religieuse. Ce n'est pas pour autant que cette sacralité d'essence civile doit être considérée comme plus faible qu'une sacralité religieuse. Au contraire, la puissance de la sacralité d'un lieu comme Auschwitz est de nature puissamment incontestable. Comme l'a affirmé Serge Klarsfeld, historien et président de l'association des Fils et filles des déportés juifs de France (FFDJF), Auschwitz est un lieu de mémoire « maudit et sacré à la fois ». Le caractère sacré de ce lieu tient, de son point de vue, au fait qu'il renferme à jamais « les cendres de gens aimés[5] ». Pour cette raison, il s'agit là du lieu de sacralité absolu en Europe, démontrant ainsi que le sacré civil peut revêtir un caractère infiniment intense tout en étant en dehors du religieux.

Toutefois, il serait illusoire de penser que le sacré peut être complètement dissocié du religieux, comme si l'on pouvait séparer des grains de riz dans un même sac. Ne tombons pas dans la facilité de croire que le sacré serait une version moderne du religieux. Autour de chaque fragment de sacré gravitent des groupes de croyances et une multitude de rites qui font référence au religieux. Partant de ce constat, revenons à la question d'une vie sans sacré : est-elle possible ? De quoi est faite la chair et, surtout, l'âme de l'homme qui pourrait, durant toute son existence, se passer des différentes définitions de sacré ? Dans *Le Sacré et le Profane*, l'historien des religions Mircea Eliade explique que l'homme n'existe que dans la relation au sacré, qu'il définit comme une relation à l'absolu.

Pour soulager son angoisse existentielle, l'homme est ainsi amené, toujours d'après Eliade, à explorer des attentes intérieures immuables. Le sacré est ici défini comme une dimension qui « montre à l'homme qu'il n'existe comme homme dans le monde qu'en se rapportant sans cesse dans sa vie à cette présence de l'absolu[6] ». En cela, le sacré est indispensable à l'homme. Et on peut ajouter qu'il représente même l'avenir de l'humanité. La survivance d'un sacré apparaît dès lors comme la condition *sine qua non* de toute collectivité humaine pérenne. Une nation pourvoyeuse de sacré s'apparente à une nation d'avenir, car le sacré contribue à maintenir en vie et en éveil toute nation. Un groupe d'individus aura tendance à sacraliser ce qui lui permet de demeurer à travers les siècles et les épreuves. Mais ce n'est pas pour autant que le sacré est immortel. Comme les civilisations, il peut naître, se développer et mourir. Sa mort n'est pas brutale et évidente à l'œil nu.

Plus qu'une mort, la disparition du sacré se traduit essentiellement par son remplacement. Le sacré ne meurt pas vraiment, il est de fait remplacé. Depuis de nombreuses années, nous assistons en Occident au remplacement du sacré par le profane. Le sacré est ainsi phagocyté par le profane, ou bien remplacé par un sacré de plus faible intensité, une sorte de sacré *light*, plus conforme, veut-on croire, à notre époque. Cette inversion des règnes entre sacré et profane, qui se traduit par un lent glissement pernicieux, a été accélérée par l'avènement de la modernité et des technologies. Cela ne veut pas dire qu'il faille revenir à l'âge de pierre pour retrouver du sens, mais reconnaissons que l'imbrication du sacré dans nos contrées modernes et matérialistes ne va pas de soi.

Ainsi, ce qui est encore considéré comme sacré aujourd'hui pourrait tout à fait se retrouver totalement désacralisé dans une cinquantaine d'années.

Dans quelques décennies, que pensera par exemple l'homme augmenté de la notion de sacré ? Dans un monde qui rêve d'abolir la mort, que pèseront encore l'invisible, l'absolu et l'intouchable ? L'idéologie transhumaniste place l'homme au centre de l'univers afin qu'il se transforme en un dieu et qu'il s'affranchisse de toutes les limites et de l'ensemble des interdits qui le contraignent. Dans cette logique, l'être humain est appelé à conquérir son autonomie métaphysique afin de remplacer le divin. Si cet objectif est atteint, le posthumain deviendrait dès lors le maître absolu de la nature, ou du moins le croit-il. Un tel « idéal » transhumain est incompatible avec ce qui est indispensable à l'homme, à savoir le fait d'être relié à quelque chose qui le dépasse. Comment imaginer que cet homme dit « amélioré » aura encore besoin de transcendance verticale et de sacralité ? Comment concevoir que l'intelligence artificielle pourra faire bon ménage avec ce qui est indicible et ce qui relève du mystère ?

Le projet scientiste et matérialiste d'Elon Musk et de Mark Zuckerberg, grands défenseurs du transhumanisme devant l'Éternel, est totalement aux antipodes d'un monde où le sacré ferait son retour.

Si le sacré est l'avenir de l'homme, il ne correspond en rien au futur de l'être humain tel que certains l'imaginent, comme un humain supérieur. Cet être, dont les capacités seront largement modifiées, n'aura pas l'occasion de réfléchir à ce qui le transcende, il ne sera pas taraudé par l'invisible, car bien trop occupé à pousser toujours plus loin l'idéologie transhumaniste pour en finir avec la mort. Se pensant au centre de tout, cet homme augmenté ne sera en réalité que le clone d'une machine qui prendra les commandes de sa destinée. Sera-t-il d'ailleurs encore humain ? Et si oui, jusqu'à quel degré ? Bourré de nanocomposants, soumis à l'intelligence artificielle, ouvert à toute modification génétique, l'homme transformé basculera-t-il définitivement du côté de la machine ? Bercé par l'illusion de tout dominer, il deviendra une entité secondaire en son propre royaume, ne sachant plus si la technologie est à son service ou s'il en est devenu l'esclave. Quel vertige !

Un tel bouleversement de nature anthropologique risque de s'accompagner d'une éclipse totale du sacré. L'homme augmenté pourrait signer la mort de toute forme de sacré. Cet homme, en réalité infériorisé et amoindri, perdra irrémédiablement ce qu'il a de plus cher, sa liberté, la liberté de pouvoir ou non se référer au sacré. Il entrera de plain-pied dans une aliénation totale à la technologie toute-puissante. À partir de ce basculement irréversible, l'être humain sera vu comme un matériau parmi d'autres, incapable de s'élever, car transformable, malléable et aliénable à volonté. Sa part spirituelle sera tout simplement anéantie. La machine, régnant en maître, décidera de ce qui est bon et de ce qui ne l'est pas. Elle dictera à l'homme comment mieux se maîtriser, mieux agir, mieux penser, pour finir par penser à sa place. En dénonçant ce remplacement de l'homme par la machine, il ne s'agit pas de verser ici dans une quelconque technophobie ; au contraire, de nombreuses évolutions à venir révolutionneront le traitement de certaines maladies, et l'on ne peut que s'en réjouir pour l'humanité. Toutefois, une question qui me semble essentielle doit être posée : le siècle prochain sera-t-il transhumaniste ou sacré ? De quel monde voulons-nous ? De tels questionnements renvoient à une très ancienne interrogation philosophique autour de ce que nous sommes, nous, êtres humains. Sommes-nous une simple enveloppe corporelle qui va tout tenter pour devenir éternelle en défiant toutes les lois du vivant ? Ou bien, sommes-nous, au-delà de notre corporéité, une somme de désirs, de frustrations, d'émotions et d'aspiration au sacré ? Selon Platon, le corps peut être une entrave à l'épanouissement de l'âme. Dans *Gorgias*, le philosophe antique écrit : « Tu sais, en réalité, nous sommes morts. Je l'ai déjà entendu dire par des hommes qui s'y connaissent : ils soutiennent qu'à présent nous sommes morts, que notre corps est un tombeau[7] ». Dans la conception platonicienne, le corps est appréhendé comme un obstacle à l'accomplissement spirituel. Il s'agit alors, pour Platon, d'assujettir le corps à l'esprit et non l'inverse. Car si tel n'était pas le cas, l'âme serait dans l'incapacité de s'élever, et la question d'une vie sans intériorité se poserait. Peut-on vraiment vivre sans intériorité ?

Pour ma part, je crois profondément que les peuples finiront par rejeter un avenir sans intériorité. Ce rejet pourrait se traduire par de violentes révoltes et des soulèvements aussi brutaux qu'inattendus. Le retour du balancier risque de ne pas se faire en douceur, d'autant qu'il ne faudra pas longtemps aux peuples pour démasquer les buts productivistes du transhumanisme. À l'avant-garde de cette idéologie, on trouve en effet les très grandes entreprises et la toute-puissante Silicon Valley, dont l'objectif affiché est de permettre à l'homme de réaliser tous ses désirs sans aucune limite. Voulons-nous vraiment de cette civilisation de la déraison dans laquelle l'homme aurait l'illusion de s'autodéterminer ? Cette nouvelle religion qui nous fait miroiter des miracles technologiques pourrait précipiter la fin de ce qu'il reste de sacré en nous. Le transhumanisme repose sur l'idée que l'homme et la machine sont indissociables. Faisons en sorte que ce soit l'homme et le sacré qui restent, le plus longtemps possible, indissociables.

4

Le progrès n'est pas sacré

Comment concilier notre quête de l'absolu avec l'évolution et les exigences de nos sociétés modernes ? Pour le sociologue allemand Max Weber, la rationalisation du monde contemporain a conduit à des sociétés dépourvues de sens, et par là même au fameux « désenchantement du monde », expression qu'il emploie dès 1904 dans son essai *L'Éthique protestante et l'Esprit du capitalisme*.

La condition postmoderne des pays occidentaux a distendu notre lien avec le sacré. Les rationalistes, quels que soient leurs domaines d'intervention (économie, sciences humaines, politique, etc.) nous ont noyés sous d'innombrables prescriptions afin de sortir de la crise, alors qu'au contraire ils nous y enfonçaient chaque jour davantage.

Crise économique et sociale, crise politique, crise de l'autorité, crise migratoire, etc. Depuis des années, nous passons d'une crise à l'autre sans sourciller. Nous nous sommes habitués à un monde en crise sans nous demander si cette situation n'avait pas en réalité une seule et même explication, une origine unique : la crise du sacré. Il me semble que c'est dans cette perspective qu'il faut s'inscrire, sans nier qu'il existe des spécificités à chaque crise. Il est évident que la longue crise économique que nous vivons reste intrinsèquement liée à des facteurs propres au marché. Notons toutefois que cette dérégulation du marché est aussi générée par notre propre action. Une action qui trouve son origine dans notre volonté de tout contrôler ainsi que dans une soif de reconnaissance personnelle qui contribue à éloigner de nos vies, sinon à y effacer, toute notion de sacré. De fait, l'économie dérégulée est de plus en plus brutale, en particulier pour les plus faibles d'entre nous. La désacralisation de nos sociétés modernes a conduit à ce résultat, synonyme de violence et de démesure, comme l'a expliqué l'historien de la pensée économique Albert Hirschman dans *The Passions and the Interests. Political Arguments for Capitalism before its Triumph*[1]. Selon Hirschman, l'action sur les marchés financiers, dans un objectif de gain maximum, devient l'autorité régulatrice par essence, effaçant sur son passage toute idée d'un sacré qui aurait pu jouer ce rôle de régulateur. Cela ne revient pas pour autant à dire que l'économie est toujours synonyme de violence et de chaos ; toutefois, dans un schéma où l'économie s'est complètement substituée à la religion ou au sacré, alors elle n'est plus que brutalité. Le remède est devenu le mal. Cette course effrénée à la modernité a fini par refouler très loin le sacré. Nous n'avons pas su trouver la juste mesure faisant cohabiter modernité, progrès et sacré. Innovation et sacré peuvent tout à fait coexister à condition que le progrès et la science ne soient pas considérés comme des substituts au sacré.

Encore une fois, nous avons oublié la question essentielle de l'équilibre. Nous oscillons entre deux théories antinomiques bien connues : celle soutenant, dans la tradition marxiste, que l'économie est une violence, et celle affirmant, dans la lignée du Prix Nobel d'économie

Friedrich Hayek, que l'économie nous protège. Pris en étau entre ces deux voies, nous ne savons plus quoi penser. Fort heureusement, René Girard l'a fait pour nous. En postulant que le sacré est le produit d'un processus d'auto-extériorisation de la violence des hommes qui finit par se réguler elle-même, ce grand penseur nous a donné la réponse et montré le chemin. Pour cela, réintroduisons du sacré dans nos vies. Mettons un terme à ce phénomène de mimétisme théorisé par René Girard consistant à désirer les objets qui nous ont été expressément désignés par le système économique de sorte que « le désir est toujours l'imitation d'un autre désir[2] ».

Ce mimétisme à outrance nous a fait croire que le bonheur était dans la réalisation de tous nos désirs et dans une forme de soumission au progrès tout-puissant. Nous nous sommes fourvoyés en habillant le progrès d'une sacralité qui ne lui sied guère. En procédant ainsi durant tant d'années, nous avons collectivement contribué à l'idéologiser, et donc à en refuser toute critique constructive et salutaire. Il est faux, et même dangereux, de croire que nous devons entretenir un rapport de quasi-adoration avec toute idée d'avancée scientifique. Si les savants mettent parfois de la ferveur dans leurs travaux de recherche, ils n'entretiennent nullement, de leur côté, une ambiguïté avec le caractère sacré que pourraient revêtir leurs trouvailles, fussent-elles de nature à changer le cours de nos vies. Et même si, au XIXe siècle, le statut du savant a été appréhendé comme la figure d'un prêtre incarnant une religion nouvelle, nous sommes bien loin aujourd'hui de ce « piédestal » religieux, avec des chercheurs qui se battent avant tout pour financer leurs travaux et maintenir tant bien que mal notre recherche nationale au rang qui devrait être la sienne dans le monde. Les chercheurs sont avant tout des « travailleurs de la preuve », comme le disait le philosophe des sciences Gaston Bachelard, cité dans le journal *Philosophiques*[3]. Un scientifique est ainsi capable de prouver quelque chose et, quelque temps plus tard, de prouver l'exact contraire de ce qu'il avait démontré avec l'évolution des informations dont il dispose. Les connaissances nouvelles viennent alors logiquement balayer les convictions initiales. Une telle marche en avant n'est pas compatible avec le sacré qui demande, à l'inverse, à être sanctuarisé, maintenu, en un mot, à demeurer. Cessons alors de sacraliser le progrès pour enfin l'appréhender à sa juste valeur, sans rien renier de l'amélioration qu'il peut apporter à nos existences. Ouvrons les yeux sur le caractère ambivalent du progrès. Tout en admettant ses bienfaits évidents et incontestables, nous nous devons de voir aussi son côté néfaste, voire destructeur.

Il est ainsi tout à fait possible de se réjouir des avancées de la médecine et de l'informatique, tout en déplorant avec la même énergie le développement des armes chimiques. Il est tout à fait possible de se féliciter avec entrain des avancées de la recherche dans le domaine des vaccins, tout en admettant que le risque zéro des effets secondaires n'existe pas.

C'est en considérant cette ambivalence que nous pourrons nous libérer de l'idée d'un homme nouveau tel qu'il a été défini par Robert Redeker dans *Egobody. La fabrique de l'homme nouveau*[4], autrement dit, un homme qui ne s'appréhenderait qu'au travers de son enveloppe corporelle. Selon cette idée propre aux sociétés modernes, on ne se pense qu'à travers son corps. Un corps façonné par la technologie et la publicité au sens large. Le philosophe et sociologue Jean-Marie

Brohm parle quant à lui d'une version standard du corps idéalisé : « le *body*, corps lisse, abstrait, quasi désincarné, viande sans âme, ni esprit[5] ».

Cet homme désincarné, déraciné, n'est plus sensible au surgissement du sacré dans son existence. Par sa volonté de tout contrôler, il a balayé toute présence du sacré dans sa vie. Un non-sens, lorsque l'on sait que le sacré est synonyme de vitalité, et donc de vie. Selon la poétesse et essayiste chrétienne Evelyne Underhill, ceux qui ne se raccordent pas à la dimension sacrée de la vie ne peuvent pas être totalement conscients ni tout à fait vivants[6]. Il s'agit dès lors, sans renier tous les apports des technologies, de trouver en soi ce morceau de ciel qui ne se commercialise pas. « Tâchez de garder toujours un morceau de ciel au-dessus de votre vie[7] », conseillait M. Legrandin au narrateur, alors enfant, dans *Du côté de chez Swann*, afin de lui permettre de conserver à tout jamais son âme d'artiste.

Où donc trouver ce morceau de ciel ? Ouvrons les yeux sur le spectacle que nous offre la nature.

5

Nature et sacré

Sommes-nous encore capables d'identifier du sacré dans la nature ? Notre modèle matérialiste nous permet-il d'appréhender la nature comme autre chose qu'une valeur utilitaire produisant en masse les ressources humaines qui nous sont indispensables ? Les réponses à ces questions sont en réalité déjà contenues dans l'intitulé des interrogations formulées. En nous engageant dans une course effrénée à la surconsommation, nous avons écarté la possibilité d'apercevoir le sacré dans le milieu naturel. En voulant affirmer sa supériorité, l'être humain a gommé toute trace de sacré dans un environnement qu'il croit pouvoir dominer et dont il estime qu'il est le centre de gravité. La nature, nous la prenons, nous l'utilisons et nous la jetons comme un déchet. Elle, si vivante, nous l'avons réifiée. Destructions, pollution, maltraitances sont autant d'actes de profanation de la nature.

Notre instinct de prédation a ainsi pris le dessus, nous privant en grande partie de toute expérimentation de l'émerveillement vis-à-vis du sublime et du vulnérable.

Précisons que le sublime ne renvoie pas ici à un jugement esthétique de la nature et des créatures qui la peuplent, mais plutôt à une logique transcendante. Une logique qui ne se veut pas forcément religieuse. Ainsi, lorsque saint Augustin s'interroge dans les *Confessions* sur ce qu'il aime quand il aime Dieu, il s'interroge aussi sur le fait d'aimer les créatures, et il leur pose en conséquence la question autour de cet amour : « Qu'est-ce que j'aime lorsque je vous aime ? » Les créatures s'empressent alors de lui répondre : « Nous ne sommes pas le Dieu que tu cherches[1]. » Malgré cette réponse négative, saint Augustin trouve belles ces créatures. Leur beauté relève d'autre chose que de la création divine, elle renvoie davantage à une invitation de l'être humain à regarder autour de lui, à s'élever, à s'émouvoir.

Une telle approche contraste avec celle des environnementalistes qui appréhendent la nature en termes religieux, considérant par exemple les forêts comme des sanctuaires, ou encore les arbres comme des incarnations divines ou comme nos lointains ancêtres…

Dans l'optique que nous développons ici, la nature est primordiale d'abord par elle-même, par ce qu'elle offre à notre regard. Elle est essentielle tout simplement parce qu'elle se donne à notre contemplation. Mais encore faut-il regarder ce qui nous entoure pour en avoir pleinement conscience. Pris dans une spirale matérialiste, nous sommes de moins en moins attentifs à cet environnement. Comment alors éprouver de nouveau la « joie cosmique » de se sentir vivant, comme le dit le philosophe et professeur Jean-Philippe Pierron[2] ? Pour faire ressentir ce fluide vivifiant à ses élèves de master à Lyon, ce dernier leur a expliqué comment vivre l'expérience de la nature à la première personne, en évoquant celle-ci au travers d'être vivants à qui la nature aurait parlé. Cette articulation de l'individu au collectif vivant permet de se réajuster au monde et à son environnement immédiat. Ce que Jean-Philippe Pierron a appelé l'*écobiographie*. Il s'agit très concrètement de répondre à la question « qui suis-je ? » en prenant en considération tous les éléments environnants, de se raconter avec les textures et minerais qui nous entourent. La nature est alors vécue à la première personne dans le but de nous réajuster au monde.

À ce stade, une mise en garde s'impose. Dans cette quête pour se réapproprier le sacré, ou plutôt du sacré dans la nature, des dérives sont absolument à éviter. Il ne s'agit pas ici de promouvoir une écologie radicale, et encore moins de défendre les dangereuses idéologies de l'antispécisme. Gardons-nous de toute radicalité qui verserait dans l'antihumanisme en déniant à l'homme la légitimité de sa place dans la nature. Par ailleurs, je ne mets absolument pas de signe d'égalité entre l'être humain et les espèces animales. Une telle équivalence voudrait dire que la vie d'un ver de terre vaudrait celle d'un être humain, et que ce ver de terre aurait droit à la vie, un droit par essence sacré. Il ne faut pas absolutiser la nature et ses créatures.

À l'inverse, cela ne veut pas dire non plus que la recherche du sacré autoriserait des gestes de cruauté envers les animaux – loin de moi cette idée barbare et archaïque. Toutefois, je considère nécessaire de trouver un juste milieu, en développant ce qu'on appellerait *une éthique de l'environnement*, une approche éco-spirituelle, inscrivant l'humanité dans un rapport de respect avec la nature. Par cette démarche mesurée et harmonieuse, il nous sera plus facile de déceler le beau, le vulnérable, l'émouvant, et donc de la sagesse et du sacré dans le milieu naturel. C'est en craignant d'abîmer la nature que nous la respecterons davantage et que nous y décèlerons les fragments du sacré. La crainte symbolise en effet l'interdit et, par là même, le sacré. Pour cela, passons un contrat avec la nature, comme l'a si bien défini Michel Serres en théorisant, dans *Le Contrat naturel,* « un contrat naturel de symbiose et de réciprocité[3] ». Bien des années après l'écriture de ce livre, force est de constater que nous ne respectons pas toutes les clauses d'un tel accord.

Nous restons, pour la majorité d'entre nous, incapables de reconfigurer notre logiciel et de repenser notre usage de la nature. Cette incapacité à la respecter continue de nous aveugler sur les catastrophes qui arrivent, certaines étant même déjà là. S'entêter à ne pas se fixer de limites risque de nous conduire droit dans le mur. Encore une fois, le sacré pourrait nous aider à ériger des interdits nécessaires à la préservation de la nature et donc de l'humanité.

Se réapproprier le sacré revient à réintroduire la conscience de nos actes sur la nature. Ce n'est donc pas tant du sacré qu'on retrouvera dans la nature que la conscience d'une vie universelle que nous considérons comme étant sacrée. Le sacré dans la nature relève en effet d'abord de notre manière d'appréhender cette nature. Ce sont les populations qui, au travers de leur manière de considérer leur environnement, font de celui-ci une notion sacrée. Ce sont des sentiments pour le beau, le vulnérable, l'émouvant, qui fabriquent ce que nous considérons comme étant sacré dans le milieu naturel. Il s'agit alors de partir du postulat selon lequel la nature est sacrée, c'est ainsi que nous décèlerons plus facilement des fragments du sacré dans cette extériorité. À nous de créer du sacré dans la nature en délimitant ce qui doit être sanctuarisé et défendu à tout prix. À nous de préserver la nature pour elle, afin aussi de nous préserver nous-mêmes. Un simple ruisseau perdu dans une forêt peut être tout aussi impressionnant que les plus grandes chutes d'eau au monde. Caresser l'écorce d'un hêtre peut donner mille fois plus de sensations que de vivre toute autre expérience dans un milieu urbain. Cela dépend de notre regard et de notre perception des choses. À nous de donner sa juste valeur à la nature.

Pour y parvenir, il est impératif de comprendre que la crise liée aux aléas et catastrophes climatiques n'est pas uniquement environnementale, et qu'elle est aussi et surtout, de mon point de vue, spirituelle.

Une telle crise touche à ce qui nous dépasse et à ce que nous avons en nous. Ce constat nous oblige à repenser totalement les efforts à consentir. Ces efforts ne peuvent pas seulement être établis sur la base d'éléments scientifiques et d'observations empiriques, ils doivent aussi se penser sur le plan des ressources spirituelles. Modifier notre mode de vie ne suffira pas : il faudra aussi, et d'abord, bouleverser notre mode de penser et de ressentir, ce qui suppose une grande rupture intérieure. Et cela invite aussi à regarder lucidement le rôle du christianisme dans notre rapport à la nature.

Le christianisme nous aurait coupés de la nature, si l'on en croit nombre d'écologistes, de penseurs, et même de responsables d'Églises. Le débat, ouvert en 1967 par l'historien américain Lynn Townsend qui, s'appuyant sur le verset de la Genèse – ordonnant aux hommes de dominer la terre –, soutient que le christianisme a une grande responsabilité dans la crise écologique, est encore très vif de nos jours. Selon le professeur d'histoire médiévale, il s'agit ni plus ni moins de la « religion la plus anthropocentrique que le monde ait connue[4] ». Et Lynn Townsend va encore plus loin, affirmant que le judéo-christianisme n'a pas seulement établi une dualité entre l'homme et la nature, mais aussi placé celle-ci sous son contrôle et son entière domination. Dans cette logique, la religion combinée à l'évolution technique a abouti à un cocktail dévastateur expliquant la grande crise écologique actuelle.

Sans chercher à accabler le christianisme, on peut dire qu'il entretient pour le moins une relation complexe avec la nature. Reconnaissons toutefois que de nombreuses actions ont été menées depuis cette grave mise en accusation. Ainsi, dans la deuxième encyclique du pape François, *Laudato si'*, il est difficile de ne pas voir un grand texte de l'Église catholique sur l'environnement. Les premières lignes traduisent clairement la volonté du pape de tourner la page d'un christianisme néfaste pour la nature : « Cette sœur [la terre] crie en raison des dégâts que nous lui causons par l'utilisation irresponsable et par l'abus des biens que Dieu a déposés en elle. Nous avons grandi en pensant que nous étions ses propriétaires et ses dominateurs, autorisés à l'exploiter. La violence qu'il y a dans le cœur humain blessé par le péché se manifeste aussi à travers les symptômes de maladie que nous observons dans le sol, dans l'eau, dans l'air et dans les êtres vivants[5] ».

François appelle ainsi à un nouveau contrat avec la nature. Une sorte d'écologie chrétienne, ou de charte chrétienne de l'écologie, au service de la rédemption du monde : le Salut. Très loin d'une volonté de déifier la nature, le pape appelle également à cesser d'idolâtrer les choses comme le pouvoir, l'argent ou encore le progrès. À ce sujet, il édicte les obstacles à la signature de ce contrat avec la nature, dont l'un des principaux freins réside dans ce qu'il appelle « la confiance aveugle dans les solutions techniques ».

François rappelle que notre dimension corporelle possède avant tout une dimension cosmique. « Nous oublions que nous-mêmes, nous sommes poussière. Notre propre corps est constitué d'éléments de la planète, son air nous donne le souffle et son eau nous vivifie comme elle nous restaure. »

Par ces phrases, le pape explique que nous ne sommes pas en dehors de la nature, tout comme le sacré n'est pas extérieur à elle.

Sans tourner le dos à la modernité, signons ce contrat harmonieux avec la nature. Cessons de la penser en dehors du sacré. Resacralisons la nature. Rapprochons-nous de ce milieu en faisant nôtres ses règles. Revitalisons l'attachement à ce qui se montre devant nous. N'agissons plus en despotes d'une nature que l'on croit, à tort, dominée et soumise. Là encore, il faudra faire des sacrifices, renoncer à des rêves de domination totale, connaître ses limites et cesser d'assener des certitudes. Retrouvons une verticalité spirituelle perdue et trop souvent remplacée par une horizontalité matérielle. Renouons aussi avec une attitude devenue obscène de nos jours : la patience. Dans un monde façonné par l'illusion de pouvoir tout obtenir instantanément, la patience fait figure d'éloge de la paresse et de la lenteur. Qu'à cela ne tienne, soyons alors lents et paresseux pour mieux être à l'affût du sacré. Mieux vaut espérer l'émerveillement sans jamais être certain de le voir que d'obtenir dans l'immédiat ce que l'on pense vouloir et qui n'est autre que ce que les autres ont imaginé et voulu pour nous. Entre ces deux attitudes et ces deux façons de vivre le monde, il y a un abîme. Sommes-nous encore capables de le franchir ? Sommes-nous vraiment en mesure de susciter des retrouvailles avec le sacré, donc avec nous-mêmes ?

Pour y arriver, souvenons-nous que nous sommes le produit de la nature et de la géologie. Notre cycle de vie est à ce titre semblable à celui d'une plante qui sort de terre, se déploie, grandit, arrive à maturité, puis décline.

La nature que nous cherchons à soumettre est partie de nous-mêmes. J'ai, pour ma part, souvent ressenti cette part intérieure face au spectacle qu'offre la Méditerranée. Le ciel blanc, la chaleur des pierres, l'odeur de la terre, les chapelets d'oliviers, le vent brûlant, les visages burinés, les corps au goût de sel, la sensualité des ombres, les crépuscules prometteurs, les marins braillants, les bougainvilliers fleurissants et le soleil toujours aveuglant : dans ce décor familier, la terre méditerranéenne est ma nourrice. Je la sens en moi, tel un prolongement naturel.

« Jamais peut-être un pays, sinon la Méditerranée, ne m'a porté à la fois si loin et si près de moi-même[6]. » Par cette phrase incroyablement puissante, Albert Camus a résumé dans *L'Envers et l'Endroit*, la relation charnelle que l'on peut avoir avec ce paysage méditerranéen. Pour Camus, cette nature est à la fois tragique et exaltante quand il écrit : « Quoi de plus exaltant que les amandiers d'Alger ? »

Enfant du soleil, produit de cette Méditerranée, l'écrivain éprouve à travers cette relation toute la condition humaine. Dans une nature à la fois généreuse et exigeante, il trouve la sérénité des Grecs de l'Antiquité, mais il subit aussi le poids de la vie qui s'impose. Il y puise également le détachement de soi et le raccordement au monde. Pour qui veut bien se donner la peine de la contempler, la nature offre des fragments du sacré. On les retrouve en quantité dans l'œuvre de Camus. Dans une lettre adressée à son maître et professeur de philosophie, Jean Grenier, il écrit qu'il ne s'est « jamais senti d'âme religieuse que devant la mer ou la nuit ». Pour l'incroyant Camus, la question de Dieu est indécidable ; mais qu'en est-il de celle du sacré ? Pour tenter d'y répondre, entendons-nous sur ce que signifie « incroyance » pour l'écrivain. S'il a affirmé très tôt que la pensée catholique lui paraissait toujours « douce-amère[7] » (précisant dans la foulée : « Elle séduit puis me heurte »), Albert Camus ne se définit pas comme athée pour autant. Croit-il alors en un sacré sans Dieu ? Pour « l'homme camusien », il est possible de vivre une extase matérielle au point de se fondre avec la nature et le vent à Djemila. « Comme le galet verni par les marées, j'étais poli par le vent, usé jusqu'à l'âme. J'étais un peu de cette force selon laquelle je flottais, puis beaucoup, puis elle enfin, confondant les battements de mon sang et les grands coups de ce cœur partout présent de la nature. » L'écrivain s'identifie entièrement au vent qui balaie ce paysage sublime et déserté. C'est dans sa perception de la nature, de cette terre algérienne « habitée par les dieux[8] », comme il l'écrit dans *Noces*, que l'on peut parler d'un sacré camusien au sens de sacralisation du monde. Un sacré sans transcendance, mais où tout s'incarne dans l'immanence des éléments du monde. Libéré des croyances divines, Albert Camus s'est livré corps et âme à la contemplation du monde sans mentir, et ce jusqu'au bout de sa conscience d'homme. Il s'est laissé aller à l'ébranlement de l'être.

Sommes-nous capables d'imiter Camus ? Pouvons-nous nous laisser surprendre jusqu'à l'ébranlement par tant de richesses ?

6

Renouer avec le sacré

Le sacré n'est pas un banal objet de commerce. Il ne se trouve pas comme un produit dans un rayonnage ; et par conséquent, ce qui relève du sacré ne peut être soumis à un quelconque marchandage. Pour s'en convaincre, revenons à la définition du sacré de Régis Debray : « Tout ce qui légitime le sacrifice et interdit le sacrilège. » Monnayer le sacré reviendrait de fait à commettre un sacrilège. Ne perdons pas de vue que le sacré se traduit par une somme de sanctions et de punitions. On ne viole pas l'espace ou l'objet sacré sans en subir de lourdes conséquences. Crachez sur la tombe du Soldat inconnu, jetez-y des pierres, et vous aurez affaire à la justice tout autant qu'à la vindicte populaire.

À côté de cet ensemble d'interdits, il existe aussi des valeurs enthousiasmantes liées au sacré.

Car si le sacré est synonyme de limites et de sanctions, il constitue aussi un puissant pourvoyeur de communion, ou du moins, d'occasions de partage et de rassemblement. C'est par exemple le cas pour la mémoire partagée d'une nation. Il y a un lien puissant entre mémoire, sacré et nation. (La mémoire est ici entendue au sens de mémoire républicaine.)

En France, le transfert, qui fut brutal, de la souveraineté monarchique à une souveraineté nationale, républicaine et populaire, a provoqué un report de sacralité du divin à l'historique. Un tel transfert a consacré un caractère de sacralité à la mémoire nationale élaborée par la Troisième République et atteignant son apogée lors de la guerre de 14-18. Cette mémoire est ainsi devenue une véritable religion, à la fois civile et civique, avec ses rites et sa liturgie, une sorte d'alternative à la mémoire monarchique et chrétienne. Mais si le sacré allait de soi du temps de la monarchie, il n'en est rien sous la République, qui a dû imaginer l'architecture de son sacré. Et pour construire cet édifice, l'histoire a servi de ciment. La gravité historienne a en effet enveloppé la mémoire de notre pays, parsemant la France de hauts lieux rassembleurs, générateurs de lien. Tous ces lieux qui font la géographie de la France sont réunis par un cercle que l'on pourrait qualifier de cercle de la sacralité mémorielle. Cette sacralité, intimement liée à la mémoire, existe bien entendu dans de nombreux autres pays, mais il me semble qu'elle revêt un caractère singulier dans notre État-nation, du fait de l'histoire qui est la nôtre et de notre propension universaliste qui va bien au-delà de la seule évocation de l'universel par les droits de l'homme et du citoyen. Cette sacralité mémorielle, ou mémoire sacrée de la nation républicaine, a remplacé la mémoire monarchique au point de s'incarner puissamment aujourd'hui comme une alternative à ce qui fut la mémoire chrétienne.

Remémorons-nous la phrase de Charles Péguy : « Le 14 Juillet a été à lui-même sa propre commémoration. » Au fil des ans, notre pays s'est ainsi construit une liturgie d'hommages et de cérémonies très officielles qui, sans le dire ouvertement, renvoient toutes à la sacralité mémorielle. Cette imbrication est devenue si puissante que l'on entend de plus en plus de voix critiquer aujourd'hui une forme de « commémorite aiguë ». Fêtes, obsèques nationales, événements solennels, tout devient, dans notre République, prétexte à convoquer la mémoire, donc le sacré. Est-ce exagéré ? Assiste-t-on à un déluge commémoratif ?

De Nicolas Sarkozy à Emmanuel Macron, en passant par François Hollande, il a été reproché aux trois derniers présidents d'user et d'abuser de cette liturgie mémorielle, de sorte que la fonction présidentielle ne s'incarnerait plus, selon certains observateurs, que dans une fonction commémorative.

Cette critique omet, me semble-t-il, un point essentiel. Comment peut-on reprocher au chef de l'État, garant de la mémoire nationale, donc garant du sacré national, d'entretenir tout cela ? N'est-ce pas là sa mission première ? Là encore, un juste milieu doit être trouvé. Célébrer la mémoire sacrée ne doit pas conduire un chef d'État à en abuser, faisant de la chose commémorative un simple outil politique au service de sa réélection, et donc bien loin de toute sacralité.

Il est arrivé à plusieurs reprises que cet équilibre ait été rompu ; mais cela a permis, paradoxalement, de mieux se rendre compte de l'importance du sacré dans nos existences.

Prenons l'exemple de ce que nous avons vécu avec les débuts de la crise du Covid-19. Il nous a été interdit d'accompagner nos morts jusqu'à leur dernière demeure afin de respecter une jauge fixée de manière arbitraire par le pouvoir politique. Une telle rupture dans les rites funéraires était inédite et a profondément choqué.

À première vue, il s'agissait d'une atteinte grave au sacré. Toutefois, si on analyse avec un peu de recul, et ce malgré la douleur qui nous a étreints de ne pouvoir accompagner nos proches jusqu'à leur dernière demeure, il est apparu que ce tragique épisode a fait, au contraire, rejaillir en nous le besoin irrépressible de sacré.

Par l'interdiction, par la crainte de la sanction qui se matérialise à travers le risque de contamination, le sacré est revenu en force dans nos vies et nos cœurs. Ne pas accompagner nos morts, ne pas approcher le corps de l'autre, tous ces interdits ont permis une résurgence soudaine du sacré ou, à tout le moins, une prise de conscience par certains de la perte de sens dans nos sociétés. « Le sacré se pose là où il veut », explique Émile Durkheim. Il s'est ainsi posé dans le décor de cette crise sanitaire afin de nous montrer de manière éclatante combien l'effacement du sacré peut conduire au pire.

Davantage qu'une perte de libertés, cette épidémie a révélé la perte de sens, et donc de sacré, qui nous frappe. Beaucoup ont dénoncé la psychose qui accompagnait les décisions prises autour du virus, ne décelant pas, qu'en réalité, cette psychose prenait la forme et les couleurs d'une véritable dépression morale bien plus profonde. L'homme s'est retrouvé brutalement sans références, sans repères. Nu face à lui-même. Pire, il ne maîtrisait rien et ne comprenait plus ce qui lui arrivait. Nous avons ainsi pris douloureusement conscience du néant.

Un néant que le sacré arrivait jusque-là à dissimuler par sa permanence et sa fixité. C'est la raison pour laquelle le sacré apparaît comme un remède au déracinement et à la désintégration. Il nous apprend la patience, l'espérance et la contemplation. La patience avant de le retrouver, l'espérance de croire en lui, et la contemplation de ce qu'il est lorsque, enfin, il advient face à nous telle une évidence sublime et silencieuse. Le sacré permet de mettre nos âmes à l'affût. Récoltons sa moisson. Le faire, ce n'est pas chercher à fuir le réel, c'est au contraire le retrouver et l'éprouver puissamment. Le sacré permet une descente en soi. Quoique puisse être séduisante cette idée, je conçois que certains ne goûtent pas un tel voyage. On ne peut pas demander, et encore moins exiger de tous, d'avoir une vie intérieure et de la trouver riche et passionnante. Toutefois, je pense que collectivement nous y avons intérêt. Nous avons tous un peu de Henri Bergson en nous au sens où nous ressentons charnellement le besoin d'un élan vital, ou un élan original, à la base de tous les mouvements d'ordre matériel ou spirituel du monde.

Le sacré est de cet ordre-là. Encore faut-il pour le voir sortir de notre cécité et parfois de notre ignorance. Soyons pleinement présents dans nos vies. Si nous ne l'étions pas, le risque est de finir nos existences en nous posant une question répétée à plusieurs reprises dans la très courte pièce d'Anton Tchekhov intitulée *L'Ours*[1] : « Qu'avons-nous fait ? »

Qu'avons-nous fait de notre vie ? Avons-nous suffisamment prêté attention au sublime qui nous entoure ?

7

Le sacré, sauveur de la civilisation

En Occident, et plus précisément dans l'Occident européen, le sacré est-il en voie de disparition, ou est-il en train de se métamorphoser ? Assiste-t-on au crépuscule du sacré ou bien à un glissement vers un autre sacré d'une intensité et d'une nature différentes ? Il est difficile de répondre à ces questions, car le processus de changement est en cours. Toutefois, il est important de souligner que le mot lui-même a été frappé d'une forme d'indignité. En effet, le sacré est souvent perçu comme tabou en Occident, sous prétexte qu'il fait référence à l'irrationnel et au démodé. Irrationnel, car il en appelle à l'absolu ; démodé, car il charrie tout un imaginaire de références à la patrie et au sacrifice. Ces deux facettes ont, en grande partie, conduit à son ostracisation et à son éclipse en Occident.

Au mieux, le sacré est désormais moqué ; au pire, il est caché, car considéré comme honteux.

L'évocation même du mot peut d'ailleurs provoquer des railleries et une incompréhension certaine. Il est ainsi beaucoup plus « à la mode » de parler aujourd'hui de *valeurs* que de sacré. C'est la raison pour laquelle gouvernants et commentateurs abusent de ce mot si vague, de ce concept fourre-tout dont la signification est devenue évanescente.

Pourquoi avons-nous tant de réticences à penser le sacré en Occident ? Le sacré recèle-t-il, dans nos sociétés occidentales, quelque chose de malsain ? Ce qui est sûr, c'est qu'en Orient, l'idée même de sacré reste quant à elle fortement respectée. Tandis que l'Occident connaît un véritable hiver spirituel, c'est le printemps du sacré en Orient. Une telle distorsion entre Occident et Orient est loin d'être anodine, car il en va de la bonne forme des civilisations.

L'une des causes de la vigueur de la civilisation islamique, et plus largement de la civilisation orientale, tient justement à la vitalité et à la reviviscence de son sacré. Derrière toute civilisation, il y a un empire, autrement dit une communauté politique unissant des peuples parfois très différents, mais tous rassemblés sous une même bannière spirituelle. Et derrière tout empire, il y a une spiritualité que la civilisation islamique a su entretenir et faire prospérer. Une résurgence de la sacralité en Occident peut-elle par conséquent représenter un moyen de sauver la civilisation chrétienne de sa décadence annoncée ? La réponse est contenue dans la question. Comment en effet penser qu'une civilisation puisse se passer d'un fondement sacré ? Une civilisation qui échapperait à toute sacralité n'a plus rien en réalité d'une civilisation si elle ne pense pas l'interdit, si elle ne conçoit pas l'absolu, et si elle ne théorise pas l'intouchable. L'une des causes de l'épuisement de notre civilisation tient dans le fait que le sacré n'a plus tellement d'importance ni de sens dans nos sociétés postmodernes. À titre d'exemple, nous avons poussé à la transformation et à la désacralisation des églises en les convertissant en commerces en tous genres, centres de fitness ou autres, tout en affirmant que cela n'avait pas vraiment de conséquences, ni de lien avec toute forme de sacré.

Un tel aveuglement a des conséquences certaines. Il est impossible de chasser tout sacré d'une civilisation sans subir un violent retour de manivelle.

Face à cet émiettement de la civilisation judéo-chrétienne, le sursaut du sacré est un chemin salvateur. Il permet de penser la civilisation, non pas sur quelques années, mais sur un temps long et une perspective millénaire. Il permet aussi de revenir à une relation avec soi-même telle qu'imaginée originellement par le judéo-christianisme, loin de l'égocentrisme contemporain et du « moi je » intempestif et autoritaire, comme le dénonce Lacan affirmant que la passion narcissique consiste à « ne jamais entendre la parole de l'Autre que comme un écho à sa propre parole. C'est l'exclusion de toute possibilité de vraie rencontre avec l'Autre. »

Le sacré est un antidote à l'affadissement de la civilisation occidentale au moment où cette dernière n'a plus rien à offrir, sinon un chapelet de contritions. Il faudrait avoir honte de tout, s'excuser de tout. Parce qu'elle n'est pas fière de ce qu'elle est devenue, cette civilisation ne peut survivre, et encore moins prospérer. Qu'a-t-elle encore à proposer et à offrir ?

Je suis de culture musulmane, mais l'évolution de l'Église catholique m'a toujours intéressée. Cette évolution est intimement liée à celle de la civilisation judéo-chrétienne. Le christianisme a façonné cette civilisation. Le nier fragilise son fondement. Malgré cela, les coups de boutoir viennent parfois du cœur même de l'Église. Preuve en est avec la remise en cause récente du *motu proprio* de Benoît XVI sur la liturgie. Pourquoi diable restreindre les messes tridentines en latin ? Avec une telle décision, que le pape François a qualifiée de douloureuse pour ne pas donner l'impression qu'il le faisait de bon cœur, nous touchons du doigt l'effacement ou le remplacement du sacré. En revenant sur la décision de Benoît XVI, tout le travail de dépassement du schisme avec les traditionalistes a ainsi été balayé d'un revers de main.

La messe en latin et en plain-chant est l'expression d'un sacré formé de rituels et de pièces musicales multiséculaires. Avec la restriction des messes tridentines, cette expression a été amoindrie, tant sont réduites à la portion congrue les messes en latin selon le rite de Paul VI. L'immense Georges Brassens l'a chanté mieux que personne en moquant les innovations de l'Église :

> Tempête dans un bénitier,
> Le souverain pontif' avecque
> Les évêques, les archevêques,
> Nous font un satané chantier.
> Ils ne savent pas ce qu'ils perdent,
> Tous ces fichus calotins,
> Sans le latin, sans le latin,
> La messe nous emmerde.
> À la fête liturgique,
> Plus de grand's pompes, soudain
> Sans le latin, sans le latin,
> Plus de mystèr' magique,
> Le rite qui nous envoûte
> S'avèr' alors anodin,
> Sans le latin, sans le latin,
> Et les fidèl's s'en foutent.
> Ô très Sainte Marie, Mèr' de
> Dieu, dites à ces putains
> De moines qu'ils nous emmerdent
> Sans le latin.

Ce sujet, loin d'être anodin, me tient à cœur. En revenant à la forme ordinaire des messes, l'Église s'éloigne du sacré. En pensant se moderniser et faire plaisir à des fidèles « laïcs », l'Église se tire une balle dans le pied. Dans ce contexte, il m'apparaît urgent de nous battre pour la survie des civilisations. Le déclin de la civilisation judéo-chrétienne présage d'une sombre période que je ne souhaite pas. Ce serait terrible, étourdissant, vertigineux. Peut-on le dire sans passer pour quelqu'un à la pensée conservatrice ou réactionnaire ? Je suis pour la défense de la civilisation judéo-chrétienne ; toutefois, je ne pense pas que cette survie passe par le repli sur soi, la construction de murs ou le rétablissement de frontières. Au risque de surprendre, je trouve que tout cela est en réalité bien marginal. Il ne faut pas penser à l'échelle de la politique d'un pays, mais sur le temps long du sacré.

Le sacré comme chemin salvateur de la civilisation ? Il est plus facile de l'énoncer, de l'écrire, que de le concevoir concrètement. Cette difficulté tient au caractère absolu et intouchable du sacré.

Le sacré, invention des hommes, ne se décrète pas pour autant, comme j'ai déjà eu l'occasion de l'écrire précédemment, il se construit. Il relève de l'anthropologie. Il exige patience et abnégation pour retrouver ce quelque chose en nous qui montre qu'un mystère nous précède et nous dépasse. Il est impossible d'annoncer du jour au lendemain le retour du sacré. Il s'agirait plutôt de renouer avec des fragments du sacré. Cela passe par exemple par une resacralisation des rituels et de certains lieux. Mais pas uniquement. Renouer avec le sacré suppose aussi un état d'esprit, une volonté consciente de se laisser subjuguer et emporter. C'est tout un cheminement qu'il nous faut opérer pour appréhender l'implicite et le non-qualifiable. Mais le voulons-nous vraiment ? Comme je l'ai énoncé dans l'introduction de cet ouvrage, le sacré n'est pas chose facile. Il exige efforts, courage et sacrifices. Il se mérite. Sommes-nous prêts, dans de telles conditions, à le faire entrer dans nos existences ?

Nous devons être conscients des risques inhérents à cette démarche. Le sacré peut être une source de conflits violents. Au Proche-Orient, les lieux sacrés sont ardemment disputés, jalousés, protégés, et souvent, dans l'histoire récente, ils ont été à l'origine d'un déluge de haine. Le sacré prend dans ce cas la forme d'un ferment de guerre. Des hommes tuent et se vengent d'autres hommes pour préserver « leur sacré ».

Malgré ce scénario qui n'a rien d'enviable, malgré cette dimension belliqueuse, peut-on vraiment vivre sans sacré ? Je ne le crois pas. Il faut prendre le risque du tragique pour espérer le meilleur, autrement dit, miser sur un sacré unificateur. Le sacré peut révéler ce pour quoi on est encore capable de donner sa vie. Force est de constater qu'en Occident plus grand-chose ne peut donner lieu à un tel sacrifice. Le déclin du sacré est associé à un effacement du courage. Cette atrophie de la témérité est particulièrement présente parmi les classes dirigeantes et dans une partie de la sphère intellectuelle. Je ne dis pas qu'ils sont dépourvus individuellement de courage ; je pense que, collectivement, leur méfiance à l'égard du sacré les rend hermétiques à toute forme de vaillance. Il y a, chez eux, une paralysie à penser ce qui les dépasse. Ils ne parlent que le langage du concret. À leurs yeux, le but ultime est de posséder. Posséder sa maison, posséder son téléphone portable, posséder le dernier téléviseur à écran plat, posséder toutes sortes de machines toutes plus sophistiquées les unes que les autres. Toutes leurs politiques publiques visent à offrir aux citoyens *une vie meilleure*, mais ils entendent seulement par là une vie toujours plus riche matériellement. La société occidentale offre ainsi un choix quasi infini de biens matériels permettant d'atteindre un confort de vie érigé en finalité supérieure. Réfléchir ou agir en dehors de ce cadre légitime revient à être traité de fou, de marginal. C'est ainsi que, par manque de courage, les classes dirigeantes occidentales entretiennent le leurre de sociétés uniquement régies par l'ordre et la loi.

En misant sur un matérialisme postmoderne, ils précipitent leurs peuples dans l'abîme. Mais les peuples le savent. Ils ont, depuis longtemps, compris et anticipé le glissement vers un modèle avilissant. Ils ont aussi compris qu'on les dépossédait de cette part irréductible de l'être. Comme l'a dit Alexandre Soljenitsyne lors d'un discours à l'université de Harvard, le 8 juin 1978 : « Lorsque toute la vie est pénétrée de rapports juridiques, il se crée une atmosphère de médiocrité morale qui asphyxie les meilleurs élans de l'homme. Et face aux épreuves du siècle qui menacent, jamais les béquilles juridiques ne suffiront à maintenir les gens debout[1]. » Armons-nous dès lors sans plus attendre du sacré salvateur. Ne devenons pas des dépossédés du sacré. Le sacré est le ciment qui peut nous unir.

8

Chrétienté et place du sacré

Les édifices religieux en Occident sont-ils encore sacrés ? Dit autrement : le patrimoine religieux européen relève-t-il encore de la sacralité ? Pour répondre à cette grande question, il faudrait remonter jusqu'à la conception qu'avaient les religions polythéistes antiques de leurs temples puis, dans l'ordre chronologique, explorer la perception des temples grecs et romains, en passant par le Temple de Jérusalem, avant d'arriver à la conception chrétienne de l'édifice religieux. Dans *La Maison Dieu. Une histoire monumentale de l'Église au Moyen Âge*[1], Dominique Iogna-Prat décrit la sacralisation progressive des lieux de culte chrétiens entre le IVe siècle et le Moyen Âge. Dans le christianisme, le sacré, plus que dans toute autre religion, se déplace et ne s'incarne pas forcément dans un lieu délimité dans l'espace. Le Christ habitant en ses fidèles – « Vous êtes corps du Christ et, chacun pour votre part, vous êtes membres de ce corps » (1 Cor 12, 27) –, c'est donc notamment par la présence des fidèles dans l'Église que le sacré arrive dans le lieu de culte. Notons que l'église contient elle-même en son sein du sacré. Il vous est sans doute déjà arrivé de voir en France ou ailleurs dans le monde, une église en ruine. À première vue, ces vestiges n'ont plus rien d'un lieu de culte puisqu'il n'est plus possible, de fait, d'y célébrer le culte. Pourtant, ces pierres comportent encore des fragments de sacré.

Toute la poésie des ruines au XIXe siècle tend à montrer combien elles sont bien vivantes et puissantes. Victor Hugo n'aurait-il pas dit de l'abbaye de Jumièges qu'elle était la plus belle ruine de France ?! Celle qui fut l'une des plus célèbres abbayes de Normandie au Moyen Âge conserve aujourd'hui une majesté incontestable dans ses restes architecturaux. On pourrait aussi faire le parallèle avec la Vénus de Milo, impressionnante par la fragilité induite par l'absence de ses bras. La destruction montre que quelque chose a été. C'est ce sentiment à la fois de finitude et de pérennité qui crée du sacré.

Plus largement, comment expliquer que des ruines, des pierres qui ne sont plus religieuses, soient encore sacrées ? Je pense que les ruines témoignent du rapport au sacré parce qu'elles sont l'incarnation d'un trait d'union entre deux mondes. Un monde toujours présent, et en même temps un monde déjà parti, ou en tous les cas, chancelant. La ruine dit ainsi quelque chose du monde qui nous entoure et de nous-mêmes. Dans *Métaphysique des ruines*[2], le philosophe Michel Onfray évoque la fascination de deux peintres lorrains du XVIIe siècle, Didier Barra et François de Nomé. Sous le pseudonyme commun de Monsù Desiderio, ils vont mettre en scène leur admiration pour le spectacle de villes qui s'écroulent. Leurs tableaux apocalyptiques, mêlant cathédrales en ruine et personnages en déshérence, relatent l'effondrement de la civilisation.

Ces scènes, à la fois angoissantes et fascinantes, interpellent par leur beauté tragique. Par la suite, tous les romantiques ont été fascinés par les ruines, une manière pour eux d'être sensibles au devenir des civilisations.

Il est vrai, et je l'ai moi-même éprouvé, que l'observation des ruines provoque chez celui qui y est sensible une forme d'apaisement, par la mise à distance des tracas et du fracas du monde. Il m'est arrivé de le ressentir en m'attardant sur les routes de France, à l'affût de quelques ruines, ou, plus précisément, d'édifices à l'abandon. Étrangement, le spectacle de ce délaissement ne m'a jamais attristée. Il m'a toujours presque ravie. Loin du bavardage de notre société, de ses vanités et autres frivolités, il m'a, à l'inverse, *revivifiée,* au sens d'éveiller à moi-même. Les murs chancelants et les pierres noircies par le moisi du temps vous renvoient à votre propre condition.

Devant ce spectacle de présence silencieuse des ruines, je songe à tout ce qui s'est passé du temps où cette église avait fière allure, lorsque des croyants s'abandonnaient encore à Dieu, que ce soit dans la joie d'un mariage ou dans la peine d'un deuil. Dans le prolongement des colonnes tronquées, j'imagine des chapiteaux historiés peuplés de toutes sortes de personnages et d'animaux. Levant la tête encore plus haut, j'échafaude encore les multiples voûtes sur croisées d'ogives et toute une dentelle de pierre ornant les contours de chaque immense verrière.

Mais tout cela n'est qu'un songe.

Une fois, durant ce long moment d'observation qui m'est habituel, je n'attendais rien de particulier, je ne cherchais nullement le sacré, comme s'il était évident que j'allais le dénicher derrière les murs éventrés de cette église, ou sous les herbes sauvages envahissant toutes les ouvertures. Je n'attendais rien, mais j'étais à l'affût de tout ce à quoi nous avions renoncé depuis tant d'années : la contemplation, l'intériorité, le mystique et, au bout du compte, la connaissance de nous-mêmes. Je n'attendais rien, mais j'espérais tout. Le moment était de ce point de vue assez singulier, sinon paradoxal, car j'étais à la fois parfaitement immobile pour favoriser cette observation qui prenait les allures d'une espérance, et dans le même temps tout mon corps était sous tension, comme s'il était pris dans une frénésie de mouvement. À la fois complètement à l'arrêt et pourtant, terriblement mobile. Moment complexe aussi, car l'instant était sublime et étrangement lugubre. Une scène qui vous élève à la transcendance et qui vous écrase. Qui vous remplit l'âme et vous vide l'esprit. Moment où il semble ne rien se passer, et où, pourtant, tout se passe. Instant de néant et d'intensité. Synonyme d'ennui et d'allégresse. Symbolisant à la fois la face nord de la montagne et le calme de la plaine.

Ruine et splendeur. Tout à la fois. Est-ce possible ? Tout cela est-il vraiment contradictoire ? Je ne le crois pas, ou plutôt je ne le crois plus, depuis que j'ai fait l'expérience du sacré. Cette apparente antinomie n'en est plus une à mes yeux. L'immobilité dont j'étais saisie ne ressemblait pas à un statisme rigide, mais à une promesse de voyage. Je me suis alors laissé guider en offrant mon regard à ces ruines. Et bien que le spectacle devant moi consistât en un effondrement, je n'y voyais que du beau. J'apercevais une harmonie inspirée par le cosmos, replaçant à l'endroit l'ordre des choses. Était-ce pour autant du sacré ? Je ne saurais le dire. Était-ce du sacré religieux ? Je pense qu'un athée peut éprouver le même frisson.

Qui aime sa civilisation doit pouvoir revenir d'un tel voyage avec la solide conviction selon laquelle méditer sur les ruines symbolise une invitation à se rendre compte de la fragilité des choses qui nous paraissaient indestructibles, comme les cathédrales ou encore les civilisations. Nous avons oublié que ces éléments d'apparence solide finissent par céder et qu'ils ne sont pas éternels. Selon André Gide, « Nous avons bâti sur le sable / Des cathédrales périssables[3] ».

À ce sujet, l'épisode tragique de l'incendie de la cathédrale Notre-Dame de Paris donne matière à réflexion. La France, et même le monde, a été profondément affectée par ce tragique événement, démontrant ainsi que Notre-Dame n'était pas qu'un simple monument qui pouvait partir en fumée. Chaque pierre de l'édifice avait une charge symbolique extrêmement puissante, pas uniquement pour les croyants et les confessants, mais bien au-delà de nos croyances ou non-croyances. Est-ce la charge historique et patrimoniale du monument qui a conféré à cet incendie une dimension planétaire et tragique ? Ou bien est-ce autre chose, qui relèverait davantage d'une vitalité sacrée contenue dans les pierres en feu de la cathédrale ? De mon point de vue, bien au-delà de son histoire, cette cathédrale, véritable église-mère, irradie par son sacré.

« Notre-Dame brûle et la France entière pleure et le monde entier aussi », a déclaré Monseigneur Michel Aupetit, alors archevêque de Paris, le soir du 15 avril 2019. Ce n'est pas seulement la destruction d'un patrimoine qui a sidéré une grande partie du monde (bien sûr, les valeurs conférées par la cathédrale en flammes ont joué un rôle essentiel dans cette communion planétaire : nous avons tous été concernés par l'ancienneté, l'unicité et la beauté de ce monument aux prises avec les flammes), mais il me semble que c'est davantage ce que renvoie la cathédrale en tant que mémoire sacrée qui nous a tous émus.

De chaque pierre incandescente jaillissaient des fragments de sacré. Nous avons ressenti collectivement la perte de quelque chose qui nous appartenait, bien au-delà de nos différences.

Une sorte de basculement civilisationnel.

Nous sommes tous en quelque sorte « propriétaires » des pierres de Notre-Dame, devenue patrimoine universel.

Cet événement a aussi démontré que le christianisme, dans sa version catholique, a partie liée avec la sacralité des pierres. Il a ainsi redonné corps à la nécessité, de nature évangélique, d'une demeure de Dieu parmi les hommes. Il y a donc progressivement – et fort heureusement – une resacralisation de ces lieux de culte sur plusieurs siècles. Mais la présence de Dieu suffit-elle à sacraliser un espace ? La société a également un rôle à jouer dans la construction de cette sacralité. Fermer des églises, les séculariser, en faire des lieux alternatifs, contribue à distendre notre lien avec le sacré. Jadis éléments constitutifs du centre du village, les églises et les chapelles de France sont aujourd'hui de plus en plus clairsemées sur l'ensemble du territoire, et ce malgré l'attachement des croyants comme des non-croyants à ces édifices. Cette décrue – qu'il ne s'agit pas non plus d'exagérer – n'est pas tant due à une volonté de fermer des églises qu'à la réalité sociologique et géographique de notre pays qui s'accompagne d'une chute drastique du nombre de prêtres pour desservir les clochers et de la disparation des écoles, des commerces, de la poste dans les centres des bourgs et des villages. Quand le curé s'en va, c'est aussi et surtout parce qu'avant lui, le boulanger et l'instituteur sont partis. À partir de là, la vraie question n'est pas de savoir s'il y a trop d'églises en France, mais de savoir ce que l'on fait de ces églises. Au-delà du culte, les églises pourraient servir les intérêts des populations.

Rappelons que le premier des cultes reste le service du prochain. La centralité de la place de l'église dans une ville ou un village est ancrée dans notre inconscient collectif. On se souvient de l'affiche électorale de François Mitterrand en 1981, qui avait mis derrière lui une église et son clocher comme symboles d'une survivance de la France, slogan non énoncé, bien plus fort en réalité que le fameux « La force tranquille ». Une majorité de Français, qu'ils soient croyants ou non, y ont décelé une part de la sacralité qui a marqué la mémoire collective. La preuve en est que tout le monde se souvient de cette affiche électorale lorsque tant d'autres sont tombées dans l'oubli le plus total. Et que Mitterrand a été élu.

Pourquoi donc, si l'attachement au sacré est prégnant, semble-t-il moins intense aujourd'hui dans nos sociétés occidentales ? Je pense que c'est en grande partie dû à la perception et à la représentation qui en sont faites. Le sacré, qu'il soit d'ailleurs religieux ou civil, a été ringardisé, abaissé, moqué. Parce que bien souvent incompris, relégué aux illuminés, le sacré fait l'objet de railleries constantes dans l'espace médiatique et politique. Il est rare qu'un responsable politique fasse, publiquement, référence au sacré. Il serait alors immédiatement considéré comme irrationnel.

Le sacré, par son côté absolu et intouchable, a été chassé de différentes sphères de notre vie sociale. Il nous a été confisqué. Ainsi, les présidents de la République, qui multiplient les commémorations et autres cérémonies, ne font que très rarement référence de manière explicite au sacré, alors que chacune de ces célébrations en recèle à l'évidence une intense part. Craignant le côté sombre du sacré, ils s'en détournent, ne voyant pas, ou ne voulant pas voir, son caractère unificateur, qui manque pourtant si cruellement à nos sociétés occidentales.

Cette distance, quand elle ne se transforme pas en défiance, se traduit aussi par ces vives querelles de clochers qui animent notre pays. Nous l'avons vu à l'occasion de la reconstruction de Notre-Dame de Paris, avec des débats qui ont fait rage entre les tenants de la restauration à l'identique et ceux qui voulaient « moderniser » les édifices. Cette bataille sévit quasiment chaque jour autour de bâtiments beaucoup plus modestes, mais tout aussi importants sur le plan de la symbolique. Le risque est grand : la disneylandisation de notre patrimoine est la preuve que notre époque a du mal à accepter son histoire.

Où est donc passé notre idéal de préservation de tels monuments ? Les préserver et, *a fortiori*, les restaurer, est synonyme de résurrection. La ruine appelle une vitalité, elle suppose une puissance de relèvement. La ruine nous pousse à la résistance. Cette résistance a été saisie par le peintre Giotto à travers le songe du pape Innocent III, où une église chancelante, la basilique du Latran (cathédrale du pape), se trouve soutenue par un saint : François d'Assise. L'action de ce saint incarne physiquement le relèvement face à la décadence civilisationnelle.

En appeler au sursaut et à la résistance face à ces ruines relève du tabou aujourd'hui. Comme si défendre ce patrimoine conférait un côté réactionnaire et nostalgique !

Un autre tabou est lié à l'évocation du sacré des racines judéo-chrétiennes, dans une France laïque devenue, quand il s'agit de parler de son histoire, carrément laïciste. Politique et éminemment polémique, cette référence aux racines, pourtant, incontestable, est synonyme de conservatisme. En s'interdisant d'en parler – pour ne pas faire l'objet d'un énième procès en extrême droitisation –, on contribue ainsi à distendre encore plus le lien avec le sacré. Que l'on soit croyant ou pas, la reconnaissance de telles racines permettrait pourtant d'assurer une continuité historique, synonyme de repères dans notre société. Défendre une telle évocation n'a rien de réactionnaire et ne revient pas à vouloir restaurer un quelconque ordre ancien ; il s'agit au contraire d'accepter la réalité de l'héritage chrétien. Sans racines, l'individu erre sans balises sur le parcours de l'existence. En poussant l'individu sur cette voie, spiritualité et sacré lui sont alors confisqués.

Il semble que parfois on doive s'excuser de faire référence à tout élan de spiritualité. Il faudrait se cacher pour s'adonner à différentes formes de transcendance. Nous sommes sommés de nous fondre dans une société consumériste, où le christianisme n'est qu'une philosophie parmi d'autres. C'est sans doute ainsi qu'on laisse une place vacante à un islam revigoré par l'état de faiblesse du sacré et du sentiment religieux chrétien. Malgré ce tableau à première vue pessimiste, rien n'est perdu. Je ne crois pas en la fin de la civilisation judéo-chrétienne. Certes, son déclin est incontestable, mais il correspond à un cycle de vie de cette civilisation qui ne signe pas automatiquement sa disparition totale. Je crois en la révolte des consciences. Tant que la liberté irriguera les hommes et leur conscience, la civilisation judéo-chrétienne aura une chance d'arrêter le mouvement de délitement qui la mine. Mais pour que cela arrive, encore faut-il en être conscient. Encore faut-il pouvoir affirmer ses racines et convoquer, sans honte, le sacré.

Le moment exige d'être lucide sur le constat selon lequel, dans le christianisme, le sacré a été remplacé par le saint. C'est notamment l'analyse du dominicain Christophe Boureux, docteur en théologie et en anthropologie religieuse, lorsqu'il a expliqué, lors d'un colloque à la Sorbonne intitulé « Y a-t-il du sacré dans la nature ? », que, pour le christianisme, « le sacré n'est pas aboli, mais accompli. Le processus sacrificiel a été assumé et a eu lieu une fois pour toutes par le sacrifice de Jésus sur la croix, il n'a plus besoin d'être honoré, sinon dans le faire-mémoire. Il est désormais supplanté par la sainteté[4]. » Le christianisme a donc délaissé le sacré pour le saint. « Religion de la sortie de la religion[5] », selon la formule du philosophe et historien Marcel Gauchet, qui décrit le phénomène de dissolution de la religion en tant que mode d'organisation de l'établissement humain.

Le remplacement du sacré a également été théorisé par le concept de « christianisme adulte », tel que l'a nommé un courant se réclamant du pasteur luthérien Dietrich Bonhoeffer. Selon cette manière d'appréhender le christianisme, la religion s'est peu à peu sécularisée en interne, conduisant de fait à un mouvement de désacralisation. Cette dévitalisation au détriment du sacré a aussi été appréhendée par de nombreux théologiens dès avant le concile Vatican II. Ces derniers y ont alors vu à la fois l'opportunité d'une harmonie avec la société moderne laïque, mais aussi le retour à un christianisme apuré, débarrassé de toute sacralité encombrante. Il faut dire que, pendant des décennies, une forte et constante pression avait été exercée pour bouter hors du champ public toute manifestation du sacré chrétien. En 1879 par exemple, avec l'installation de la IIIe République, des arrêtés interdisant les processions dans les rues avaient été prononcés afin de lutter contre le phénomène d'appropriation du domaine public par les croyants. Il s'agissait alors, pour les municipalités républicaines et anticléricales, de limiter l'expression d'un sacré au seul périmètre des églises. Ils participaient ainsi à l'inéluctable processus de laïcisation de la société française, processus qui aboutira à la loi de séparation de l'Église et de l'État de 1905. Certains maires zélés iront même jusqu'à interdire le port du costume ecclésiastique dans leur commune... Petit aperçu de l'existence d'un anticléricalisme revanchard bien décidé à mener la guerre contre l'Église.

Aujourd'hui, sans jamais remettre en cause la loi de 1905, il est temps d'arrêter cette désacralisation mortifère. Il est urgent de remettre le sacré au centre de nos réflexions, et par là même, l'église au centre du village. Tous les peuples ont besoin de sacré. Chaque famille, chaque individu devrait pouvoir ressentir une telle présence dans sa vie, de manière active et palpable. Pour cela, l'un des chemins à emprunter est celui qui passe par une reconnexion avec la religion chrétienne. Mais la France, nation culturellement chrétienne, l'est-elle encore vraiment ? Peut-on longtemps demeurer une nation culturellement chrétienne sans le culte, ou plutôt avec de moins en moins de culte ? Cela revient de mon point de vue à assécher une plante tout en se demandant pourquoi elle se meurt. À l'évidence, une culture en manque de culte finit par s'éteindre. Pour éviter ce scénario, une reconnexion avec le socle chrétien est donc nécessaire. Toutefois, on ne retrouve pas la foi simplement en le décrétant un beau matin. Pour atteindre des réflexions aussi profondes, des médiations sont indispensables. Celles-ci ne sont pas forcément ecclésiales. L'Église peut être une étape sur ce chemin, mais elle ne représente pas un passage obligé. Coupable d'avoir déritualisé la religion, l'Église n'est pas forcément aujourd'hui la meilleure antichambre menant à une reconnexion avec le socle chrétien. Abandonner l'Église ne revient pas à abandonner la religion. Des médiations culturelles sont parfois le chemin le plus sûr pour recréer le lien perdu. Comme le dit Marcel Gauchet dans *Le Désenchantement du monde*, il y a une « exorbitante imposture » à penser que tout passe par la médiation ecclésiale. Explorons alors d'autres chemins pour nous reconnecter avant qu'il ne soit définitivement trop tard.

9

Vigueur du sacré en islam

La vigueur du sacré en terre d'islam contraste avec son atonie en Occident. Tout d'abord, par le texte. Le Coran est par essence le livre sacré dans l'univers spirituel de l'islam. Il est la Révélation, autrement dit, l'ultime révélation après l'ensemble des livres antérieurs, à savoir la Torah et l'Évangile. Il est aussi considéré par les musulmans « comme une dictée surnaturelle enregistrée par le prophète inspiré[1] », selon les mots de l'universitaire orientaliste et islamologue Louis Massignon. Une réalité surnaturelle contenue dans un objet physique, c'est précisément la manière avec laquelle les croyants se représentent cet objet-livre. Le coran, l'exemplaire qu'on tient entre ses mains, revêt en même temps et paradoxalement un caractère intouchable. On tient à la fois un objet de contemplation, mais aussi le mystère du monde créateur, et le lieu où le surnaturel se manifeste.

Pour ces raisons, un musulman pratiquant ne se saisira pas d'un coran dans n'importe quelle disposition intérieure et extérieure. Il ne le fera qu'en situation de purification et de dévotion. Tout musulman se comportera aussi d'une façon bien spécifique suivant le lieu où il se trouve, et en particulier s'il est dans la ville sainte de l'Islam, La Mecque. Beaucoup de ceux qui ont effectué le pèlerinage en Arabie saoudite racontent qu'il leur est impossible de rendre compte de ce qu'ils ont réellement vécu et ressenti. Aucun mot ne semble suffisamment puissant pour retranscrire leur expérience mystique. Bien au-delà de la seule force magnétique qu'exerce le cube sacré (la Kaba) autour duquel ils tournent, les millions de pèlerins qui s'y rendent chaque année s'accordent sur l'aspect cosmique de ce siège de l'islam.

Un tel aspect a très tôt attiré les clercs de la chrétienté et des explorateurs, tels que le saint-simonien Jean Prax, qui se lança en 1835 dans un voyage teinté de surnaturel du Caire vers la ville de Djeddah. Au cours de cette traversée, il raconte avoir eu un soir une illumination alors que le ciel était empli d'étoiles. Seul sur sa monture, à moitié endormi, mais tout à la fois parfaitement conscient, il décrit comment il s'est retrouvé dans un temple étincelant de lumière tandis qu'il était en plein désert. Ce temple à l'allure cosmique et à la puissante dimension sacrée s'apparentait à la Kaba. La description qu'en fait Jean Prax correspond point par point à l'image antéhistorique de ce lieu, telle qu'elle est appréhendée dans la tradition musulmane, selon laquelle la Kaba est la maison de Dieu avant la création du monde, Celui-ci ayant ordonné à des anges de tourner autour de la demeure. Le mouvement circulaire incessant des pèlerins rappelle cette ronde très ancienne. La vision de l'explorateur sera le prélude à sa conversion à l'islam, et il est probable qu'il fut le premier Français à entrer dans La Mecque.

Mais au-delà de ce lieu si singulier, d'autres espaces beaucoup plus accessibles à tous inspirent le sacré. Face au trésor architectural et culturel que représente la mosquée-cathédrale de Cordoue, comment rester insensible ? Héritage de la présence musulmane dans la péninsule Ibérique du VIIIe au XVe siècle, ce lieu impressionne par la multitude de ces arcs outrepassés supportant dix-neuf nefs et plus de huit cent cinquante colonnes. En promenant mon regard émerveillé sur cette profusion architecturale, j'ai souvent eu l'impression d'entendre comme le murmure d'une âme collective. Cet écho me renvoyait à une invincible perdurance. Les bâtisseurs de ce vaisseau amiral pensaient en siècles. Il y a quelque chose d'infiniment réconfortant, et tout à la fois de puissamment vertigineux, à penser que de tels lieux vont continuer à servir de matrice spirituelle à d'innombrables générations après soi. Ce jour-là, alors que je me trouvais juste en dessous de l'extravagante coupole centrale de la mosquée-cathédrale de Cordoue, l'expression de saint Augustin m'est apparue plus que jamais appropriée : « Ne va pas au-dehors, rentre en toi-même ; la vérité habite à l'intérieur de l'homme[2]. »

À côté du caractère sacré et cosmique de ces lieux, il y a aussi, plus spécifiquement chez les musulmans, la croyance selon laquelle une force surnaturelle habite son environnement immédiat. Une force dont l'être humain se sent dépendant et qui se traduit par une série d'interdits et de tabous délimitant une frontière entre ce qui est *haram*, illicite, et ce qui est *halal*, licite. Pour se protéger de cette force, le croyant va se fixer d'innombrables limites afin de ne pas déchaîner la colère d'esprits mystérieux, les *djinns*, semblables à des génies et des dieux. De tels esprits occupent une place importante dans les contes, fables et autres légendes d'antan.

Loin de tout mythe, il existe aussi en terre d'islam une vigueur du sacré à travers son acceptation politique. Tandis que les pays occidentaux tournent autour du sacré sans vraiment oser s'en emparer, le sacré est, au contraire, appréhendé comme un puissant objet politique dans de nombreux pays musulmans.

Il suffit d'analyser la conversion de deux lieux religieux hautement symboliques en Turquie pour s'en rendre compte. En transformant en mosquées Sainte-Sophie et Saint-Sauveur-in-Chora, Recep Tayyip Erdoğan ne cherche pas uniquement à se placer comme le chef de file des musulmans à travers le monde ; le leader turc veut aussi s'approprier un sacré qui résonne bien au-delà des seuls croyants de la religion musulmane. Par ce geste, il a envoyé un message au monde entier expliquant qu'il se voulait le gardien du sacré. Saint-Sauveur-in-Chora, ancienne église byzantine du ve siècle, transformée en musée – et donc désacralisée – en 1958, est ainsi pleinement redevenue un lieu de culte par la main et la volonté d'Erdoğan. Par cet exemple, il prouve qu'il a réussi à réintroduire du sacré dans cette église, et ce même si elle a été transformée en mosquée. La reconstitution du patrimoine religieux et sacré est le socle du projet, ou du récit national que veut tisser Erdoğan. Il s'agit d'une pierre essentielle dans la construction du processus politique de réappropriation du patrimoine préottoman. Par cette conversion, il poursuit sa révolution religieuse et sacrée, une révolution essentiellement politique.

Souvenons-nous des mots prononcés par le président turc lors de la conversion de Sainte-Sophie en mosquée. Il fut question, dans son discours enflammé, de reconquête, de nation, de sacré et d'avenir pour mieux se venger et pour définitivement enterrer la période et la république d'Atatürk. « C'est un retour à nos ancêtres, un retour au passé, comme tremplin vers l'avenir », a-t-il dit en référence au passé ottoman de la Turquie. Et si on remonte encore plus loin, à la fin des années 1990, avant même son mandat de maire, Erdoğan fustigeait déjà le mouvement de laïcisation en cours en Turquie, reprenant à son compte les fameux vers du poète nationaliste turc Ziya Gökalp : « Les minarets sont nos baïonnettes, les coupoles nos casques / les mosquées sont nos casernes, les croyants nos soldats ».

Plus largement, la Turquie d'Erdoğan cherche aussi et surtout à s'opposer frontalement à la France laïque en travestissant la véritable définition de la laïcité dans notre pays qui n'est pas, contrairement à ce qu'affirme le leader turc, une arme contre les religions, mais un outil pour garantir la liberté du culte. Bien sûr, le véritable objectif d'Erdoğan dépasse largement le cadre français. En déclarant à la télévision, lors de la conversion de Sainte-Sophie, que « la Turquie s'est débarrassée d'une honte », il envoie un message à tous les musulmans, bien au-delà du seul peuple turc, affirmant que l'Orient est de retour, et à travers lui, l'islam.

Ce faisant, Erdoğan se fait le porte-drapeau de la reconquête néo-ottomane qui est à la fois religieuse, spirituelle, politique et militaire. L'implication de la Turquie dans le conflit libyen constitue de ce point de vue la preuve éclatante que l'influence turque ne se limite pas à des questions religieuses, mais qu'elle se décline aussi en conquête de territoires et en captation de contrats pétroliers sur la Méditerranée orientale. Ainsi, en se proclamant instrument de la volonté divine des musulmans, il n'aura échappé à personne que le leader turc sert d'abord et avant tout ses intérêts. Toutefois, derrière ses visées mercantiles, il ne faut pas sous-estimer la puissance de l'appel lancé par la Turquie. Devenu l'homme fort de l'Orient, et donc de l'islam, Erdoğan, qui contrôle les robinets stratégiques des flux migratoires, veut imposer sa loi et sa foi sur la civilisation chrétienne. En cela, il personnifie le choc des civilisations tel que théorisé par Samuel Huntington[3]. Il en prend la forme, et pire, il le souhaite.

Son projet, à peine voilé, consiste à effacer les traces de la présence chrétienne dans la Turquie contemporaine. Pour atteindre cet objectif, Erdoğan peut compter sur l'inertie de l'Occident. Ayant compris depuis longtemps que la force d'une civilisation ne tient pas tant à son économie ni à sa puissance militaire qu'à l'intensité avec laquelle elle porte le sentiment du sacré, le président turc mise d'abord sur la faiblesse intrinsèque de l'Occident, incapable d'incarner sans honte un redressement spirituel. Comment pouvons-nous ainsi laisser les choses empirer ? Quand sonnera le réveil de l'Occident ? À quel moment allons-nous sortir de ce coma spirituel ? Nous avons charnellement besoin de renouer avec notre nature spirituelle. Nous en avons d'autant plus besoin que le sacré est aussi une arme utilisée contre nous par les islamistes. Les assassinats terroristes qui nous ont durement frappés depuis ceux de Mohammed Merah se drapent dans le sacré pour mieux masquer la froide mécanique de la haine.

Il y aura toujours des idiots utiles à l'islamisme qui viendront le contester ; pourtant, il suffit d'étudier la rhétorique des prêcheurs de haine pour comprendre qu'ils prennent prétexte de l'atrophie du sacré et du spirituel en Occident afin de vendre une rhétorique mobilisatrice à des âmes souvent perdues et en manque de repères. C'est bien de notre faiblesse religieuse et spirituelle que se nourrissent les islamistes, pour proposer un contre-discours audible appelant à la guerre et à la destruction d'une culture et d'une civilisation à leurs yeux déjà déliquescentes. La terreur se sert ici du sacré, ou plus précisément du manque de sacré en Occident, pour attirer à elle une armée de fidèles assoiffés de vengeance. Dans *Le Choc des civilisations* de Samuel Huntington, ce sont les identités culturelles ou civilisationnelles qui déterminent les structures de cohésion, de rassemblement, ou au contraire de désintégration, depuis la guerre froide.

Selon Huntington, la religion joue un rôle fondamental dans la construction de ces identités qui s'entrechoquent. Il me semble que le sacré – qui peut ne pas être religieux – tend à devenir aujourd'hui le moteur le plus important de ces identités qui s'affrontent.

Autrement dit, le sacré ou l'absence de sacré en Occident sert de matrice principale à la propagande islamiste, de sorte que la prochaine civilisation dominante pourrait être la civilisation islamique, non pas tant par le nombre et la démographie, mais par la croyance en un sacré salvateur. Cette civilisation, qui va finir par s'imposer, deviendra un foyer rayonnant de sacré, réunissant des pays aussi différents que les pays du Golfe, certains pays africains, le Maghreb, le tout allant jusqu'aux confins de l'Asie. Le sacré représentera pour cet ensemble une matrice unificatrice servant de base à son expansion et, *in fine*, à sa domination sur l'Occident, qui ne représentera plus qu'un appendice. Par la pérennisation de la transcendance, la civilisation islamique évitera ainsi le danger mortel qui menace la civilisation occidentale et judéo-chrétienne. Certes, l'islam est lui-même en crise, avec de fortes tensions en son sein du fait de la gangrène islamiste ; toutefois, la plus grande menace pour les civilisations reste l'absence de verticalité, et donc de projet commun, qui permette de nous élever au-delà de nous-mêmes et de notre ego. Cette atrophie du sacré est en train de miner l'Occident.

Bercé par l'illusion qu'il représente encore une machine à fabriquer de l'universel, l'Occident, en tant qu'ensemble, ne se rend plus compte de sa perte d'influence. Relégué, déconsidéré, l'Occident n'arrive plus à offrir à chaque individu sa part vitale d'infini. Une telle impuissance à fabriquer du spirituel accélère le phénomène de décivilisation et tend à assécher les consciences autrefois nourries, pendant des siècles même, par des images philosophiques et religieuses. Aujourd'hui, la modernité et le nihilisme nous éloignent de plus en plus de l'animal métaphysique que nous étions.

Face à cet aplatissement, nous sommes paralysés, incapables de proposer un contre-discours crédible, impuissants à enrayer cette idéologie mortifère. Notre désarmement spirituel s'est retourné contre nous. Tandis que les islamistes continuent d'appeler les musulmans à s'unir derrière l'umma, la communauté musulmane, nous restons, en Occident, démunis. Les radicaux savent très bien comment exploiter le vide spirituel qui est le nôtre. En cela, force est de constater qu'ils ont parfaitement identifié et théorisé notre talon d'Achille, le malaise du sacré. Tant que nous ne le comprendrons pas, les islamistes vont continuer à entretenir un imaginaire de violence imbibé d'une grande sacralité présente en terre d'islam et absente de l'Occident décadent.

L'irréligiosité, la désacralisation sont autant de mouvements irresponsables que nous risquons de payer très cher. Cessons cette sécession avec le sacré. Nous n'avons d'autre choix que de prendre le chemin de l'homme spirituel pour éviter la déliquescence de notre civilisation. La désacralisation conduit à la décivilisation.

En cela, un exemple est à suivre en terre d'islam, c'est celui emprunté par les chrétiens d'Orient. Menacées, persécutées, chassées, ces populations tiennent malgré tout à leurs terres et à leur culte. Si certaines familles chrétiennes en Syrie ou en Irak demeurent, c'est d'abord parce qu'elles sont chez elles et qu'elles ont le droit de pratiquer leur culte sans risquer de mourir. Ayant fréquenté certaines d'entre elles, notamment au cours d'un voyage en Égypte, je fus interpellée par la force de leur foi et par leur capacité à toujours y croire. Ces femmes et ces hommes sont imprégnés d'une sorte de résignation optimiste. Ils s'acharnent, malgré les grands malheurs qui les frappent, à croire pour demeurer. Il est frappant de constater que leur cœur reste tendu vers Dieu malgré les situations dramatiques qu'ils connaissent. Espérance, foi et charité sont présentes dans chacune de leurs paroles. Chez eux, point d'exubérance, tout est en retenue et discrétion.

Tout se passe comme s'ils se sentaient investis d'une double mission. Faire vivre leur foi, et le faire chez eux, qui est aussi une terre d'islam.

À ce sujet, il faut insister sur le fait que, sans eux, le monde musulman finirait dans un abîme spirituel. Les chrétiens orientaux sont un rempart, souvent malgré eux, face à l'islam radical. Pour le formuler plus directement, je dirais, en détournant la formule de Pascal et le titre d'un livre remarquable sur Michel Houellebecq, *Misère de l'homme sans Dieu*[4] : misère de l'islam sans chrétiens. Rappeler cette évidence ne revient pas pour autant à dire que ces populations seraient, par leur seule foi chrétienne, une digue contre le fondamentalisme. S'ils représentent une digue face à l'islam radical, c'est d'abord parce qu'ils sont l'incarnation de ce qu'il reste de diversité religieuse sur ces terres d'islam – autant dire, hélas, très peu. C'est donc bien parce qu'ils vivent aux côtés des musulmans qu'ils symbolisent ce rempart au fanatisme. Toutefois, personne ne peut contester que cette coexistence soit de plus en plus difficile et périlleuse pour la vie et l'intégrité religieuse de ces populations chrétiennes. Notre devoir consiste à tout faire pour préserver et protéger leur présence en Orient. Face à l'effondrement civilisationnel que nous vivons, ces chrétiens d'Orient incarnent une lumière dans le tableau sombre des menaces. Ils restent en Orient pour nous rappeler l'essentiel : résister pour demeurer à travers le temps.

10

Jérusalem et le sacré

Il est impossible d'évoquer le sacré sans consacrer un chapitre à la ville sainte, Jérusalem. En réalité, un livre tout entier ne suffirait pas à appréhender l'importance historique et théologique que revêt cette ville pour les trois grandes religions monothéistes. Dans une lettre apostolique du pape Jean-Paul II datant de 1984, Jérusalem est ainsi définie : « Avant même d'être la ville de Jésus le Rédempteur, Jérusalem a été le lieu historique de la révélation biblique de Dieu, le point où, plus qu'en tout autre lieu, se noue le dialogue entre Dieu et les hommes, comme le point de rencontre entre la terre et le ciel[1]. »

On sait combien les avis sont partagés quant au statut juridique à accorder à la ville de Jérusalem, la complexité du dossier, les tensions qu'il génère au sein de la Communauté internationale, etc. Mais rappelons que cette ville n'a pas toujours joué un rôle géopolitique majeur. En effet, durant plusieurs siècles, la ville n'a pas vraiment été au cœur des convoitises et des appétits des grandes puissances. C'est essentiellement à partir du XIXe siècle que sa centralité s'est imposée au monde. Une centralité aujourd'hui modérée par certains théologiens et historiens selon lesquels les vives revendications contemporaines entre Israéliens et Palestiniens tendent à renforcer la normalisation de cette ville, de sorte que l'importance réelle de Jérusalem s'estimerait essentiellement à travers la valeur que lui confèrent les populations juive, chrétienne et musulmane. Le conflit israélo-palestinien, éminemment politique et religieux, aurait ainsi fini par chasser l'aspect spirituel au profit du tout-religieux. Autrement dit, c'est le croyant qui fait le lieu. La valeur de Jérusalem est d'abord celle qui se lit dans le regard des populations qui y sont attachées. Si le judaïsme associe à son histoire sainte une géographie et une terre sacrée, le christianisme ne s'accroche pas à l'enracinement en tant que tel. Du côté de l'islam, le lien avec Jérusalem est avant tout symbolisé par la mosquée al-Aqsa, désignée comme la troisième mosquée la plus importante derrière La Mecque et Médine, ainsi que le présente ce hadith : « Qu'on n'entreprend pas de voyage pour la prière qu'autres vers ces trois mosquées : la mosquée al-Harâm [mosquée sacrée de la Mecque], la mosquée du Prophète [à Médine] et la mosquée al-Aqsa [à Jérusalem]. » Malgré cette hiérarchie relative à l'importance des mosquées qui n'accorde pas la primauté à al-Aqsa, celle-ci revêt une place particulière dans la tradition musulmane par ce voyage mystique dont le Coran se fait l'écho dans la sourate 17 : « Gloire à celui qui a fait voyager de nuit son serviteur de la Mosquée sacrée (*al masjid al harâm*) à la Mosquée très éloignée (*al masjid al aqsâ*) dont nous avons béni l'enceinte[2]. » On remarquera que le nom de Jérusalem n'apparaît pas ; toutefois, c'est la tradition qui identifiera ce site avec le mont du Temple.

Il y a donc là un rapport très différent à ce lieu entre les trois religions monothéistes. Ces différences et cette rivalité vis-à-vis de cette ville rendent très difficile, sinon impossible, la conciliation des intérêts. D'autant que le religieux a supplanté le politique dans la résolution de ce conflit, de sorte que ce ne sont plus des idées ou des négociations politiques qui s'opposent, mais des absoluités qui s'affrontent. Cela revient à dire : « Mon sacré est plus important que le tien, mon sacré supplante le tien. » Partant de ce type de raisonnement, ou plutôt de non-raisonnement, car une telle hiérarchie est vaine, on ne voit pas comment une solution pourrait être esquissée alors qu'aucune partie ne compte céder un pouce sur ce qu'elle considère comme sacré. L'aspect exclusif, radical, absolu, donné à ce lieu et à cette ville rend ainsi tout compromis illusoire, sinon impossible.

Jérusalem, cette terre symbole de nos déchirements, est aujourd'hui trop imbibée de religieux pour y ramener de la politique et de la raison. C'est aussi une ville où le religieux a remplacé peu à peu le sacré. Toute évocation du sacré est en réalité d'abord une évocation religieuse en Terre sainte. Une telle configuration préfigure, hélas, un affrontement éternel.

Ce n'est pas être pessimiste de le dire, mais la lucidité commande de ne pas voir le début d'une négociation solide avant très longtemps.

11

Comment éviter le choc des sacralités

Si chaque civilisation a son sacré, un choc ou un conflit des sacralités est un scénario tout à fait plausible. Comment alors éviter une telle catastrophe ? Peut-on faire coexister des sacrés qui se toisent et se jaugent ? Le défi est immense. Très concrètement, cela reviendrait à faire coexister dans un même pays le droit au blasphème, caractéristique de l'histoire de la France, et le respect du prophète, principe fondateur pour les musulmans du monde entier. Mais comment faire pour à la fois respecter une valeur devenue sacrée, celle de la liberté de critiquer les religions, et, ce qui est hautement sacré ailleurs, à savoir ne pas moquer, critiquer et caricaturer le prophète ? Une telle coexistence semble d'emblée compromise, surtout après les terribles attentats islamistes qui ont frappé l'Hexagone.

À première vue, il est donc parfaitement illusoire d'espérer trouver un socle commun supérieur, ou une sorte d'universel du sacré, qui permettrait à chacun de respecter le sacré et la vérité de l'autre. Pourtant, tendre vers cet objectif est une nécessité absolue afin d'éviter une confrontation violente qui se ferait au détriment de toutes les sacralités, et donc, *in fine*, de toutes les civilisations.

Selon René Girard, pour éviter cette violence de tous contre tous, il faut passer par la violence de tous contre un. C'est la notion de sacrifice telle que j'en ai parlé au début de cet ouvrage. Dans une société sous très forte tension, quasiment au bord de la rupture, la foule indifférenciée va s'en prendre à celui qui passe presque par hasard, ou alors à celui qui est considéré comme étant potentiellement dangereux pour la cohésion du groupe. Ce bouc émissaire va ainsi permettre d'éviter la désintégration du collectif à travers son sacrifice réel ou symbolique. Ce processus explique en partie la résurgence récurrente de l'antisémitisme dans nos sociétés. Pour différentes raisons, politiques, économiques, culturelles, l'antisémitisme sert de socle commun à un groupe qui concentre ses attaques et ses fantasmes sur les Juifs considérés comme une entité homogène accusée d'être à l'origine des maux de ces sociétés. Le collectif s'évertue à entretenir un sentiment diffus de responsabilité, faisant du Juif la figure de l'éternel responsable. Responsable de crises économiques, de désordres politiques et de troubles géopolitiques, il est, par définition, le bouc émissaire idéal. Un tel phénomène de lynchage – précisons que l'actualité nous en rapporte quotidiennement de terribles témoignages – se retrouve dans l'Ancien Testament, où chaque année le prêtre sacrifiait un bouc qui concentrait sur lui tous les péchés d'Israël. Dans cette perspective sacrificielle, la victime lynchée était coupable de tous les maux. Toutefois, dans le christianisme, les disciples de la victime Jésus, racontant la scène de sa Passion, insisteront avant tout sur son innocence. Contrairement aux dires de ses persécuteurs, Jésus est un agneau, il n'est coupable d'aucun crime... On ne peut que se rendre compte, dès lors, que la violence assassine quand elle est sans fondement. Depuis le Christ, il est devenu impossible d'ignorer que la victime est innocente. Pour René Girard, le Christ a rendu la violence injustifiable.

Autrement dit, la violence ne peut plus générer de l'ordre. Il s'agit donc d'extérioriser la violence sous la forme du sacré. Le meurtre est très différent du sacrifice qui est à la source de la civilisation. La civilisation substitue à la victime humaine la victime animale, ou bien d'autres entités symboliques. Ainsi, c'est l'animal qui sera sacrifié à la place d'Isaac par son père Abraham[1]. Le messager de Dieu a retenu *in extremis* la main du vieillard, empêchant l'exécution de sa progéniture et signifiant le refus absolu du sacrifice humain.

Qu'en est-il aujourd'hui ? La résurgence d'une ultraviolence gratuite fait penser à un retour de la barbarie que l'on croyait derrière nous. Guettées par l'ensauvagement, nos sociétés contemporaines sont régulièrement secouées par des épisodes mimant la logique sacrificielle. Être lynché pour un regard considéré comme de travers, faire l'objet d'un déchaînement de violences en bandes, tous ces faits, qui relèvent davantage du fait de société que du fait divers, empruntent à la mise en scène sacrificielle. Tout se déroule comme si la logique infernale du bouc émissaire était de retour dans nos sociétés modernes et nihilistes. De sorte que plus rien n'apparaît comme sacré. Dans ce contexte, la vie humaine vaut moins qu'une cigarette, puisque l'on risque de mourir sous une avalanche de coups pour avoir refusé d'en donner une. Comment continuer à vivre, ou plutôt à survivre, dans une telle collectivité ?

Il est temps de mieux défendre le sacré, qui peut constituer une chance inédite en faveur d'un réarmement intérieur qui nous fait tant défaut. Il est temps de renouer avec cet appel du sacré. Comme le définit Mircea Eliade, « le retour du sacré charrie avec lui le meilleur et le pire, comme un fleuve boueux et pollué, méprisé depuis de longs siècles[2] ».

Le sacré est une fonction structurelle qui a besoin de s'épanouir en chaque individu. Il est une fonction incompressible de la conscience humaine. Nous devons patiemment le solliciter pour résister et demeurer. Toutefois, malgré la patience que l'on déploiera et l'attention au monde que l'on prêtera, il est possible que le sacré que nous désirons tant voir et ressentir nous échappe. Faut-il y voir alors un terrible échec de notre part ? Tout dépend de quel point de vue civilisationnel on se place. Si on prend le chemin de la *Bhagavad-Gita*, l'important ne résidera pas dans les fruits de l'action menée, mais dans le fait de s'abstenir des actes inspirés par notre désir, de sorte que le renoncement ne rime pas avec découragement. Autrement dit, ne pas réussir une action ne revient pas forcément à échouer. Il est donc tout à fait possible d'espérer le sacré sans que sa non-apparition n'entraîne résignation et consternation.

12

Le sacré et la *Bhagavad-Gita*

Et si le sacré ne se révélait pas à nous ? Tout au long des chapitres précédents, j'ai insisté sur l'éloge de la patience et de l'attention pour tenter de capter des fragments du sacré, c'est le principe de mise en alerte de son âme pour être à l'écoute de son cœur et à l'affût de l'invisible. Cela suppose d'emprunter sans crainte le chemin d'une totale libération intérieure, afin d'être parfaitement raccordé à ce qui nous entoure, d'être en quelque sorte parfaitement assemblé avec le décor environnant. Toutefois, il est possible, malgré de grands efforts déployés, de ne rien ressentir de tout ce qui a été décrit depuis le début de cet ouvrage. Cette probabilité de passer à côté du sacré, loin d'être infime, représente une éventualité tout à fait plausible à laquelle il faut se préparer.

Le caractère imprévisible et insaisissable du sacré rend sa rencontre difficile à appréhender pour tout un chacun. Il faudrait l'implorer. L'espérer. Le prier. Le chérir. L'estimer. Et je dirais surtout, le désirer sans l'ambitionner.

Il n'y a pas de voie toute tracée pour accéder au sacré, tout au plus un chemin qui le favorise, mais rien qui ne puisse le susciter avec certitude, comme je l'ai écrit précédemment. Dans de telles conditions, comment accepter sa non-venue ? Comment se faire à l'idée de ne pas ressentir cet accomplissement de soi et de communion avec le monde ? Le sacré est-il un chemin incontournable vers le bonheur ? A-t-on manqué son objectif, au sens du Graal à atteindre, si on ne parvient pas à percevoir le sacré, ou plus précisément *du* sacré ? Dans le conte du Graal[1], Perceval, reçu par le roi Pêcheur, n'ose pas lui demander à qui est destiné le Graal, alors qu'il est bouleversé et intrigué par sa présence tout au long du repas. Pour n'avoir pas su saisir sa chance et poser de questions, il est condamné à errer. C'est bien notre curiosité envers le sacré qui doit primer sur la rencontre avec lui. Une telle philosophie n'est pas très courante de nos jours, et encore moins dans nos sociétés occidentales où le but est plus important que les moyens d'y parvenir. Dans cet esprit, il est évident que cette absence d'apparition du sacré représente à nos yeux un échec, et très probablement, une très grande frustration. Nous l'avons attendu, espéré, sans doute mérité par notre patience, et au bout du compte, le sacré ne nous est pas apparu. Pire, il semble nous fuir et nous narguer.

C'est la définition même d'un but manqué et d'un désir non assouvi que de ne pas parvenir à le toucher du doigt. Cette frustration va naturellement nous rendre tristes, car nous attendions beaucoup de l'apparition du sacré. Elle pourra aussi générer de la colère, nous faisant maudire le sacré. Certains d'entre nous iront jusqu'à l'insulte, plutôt que de mener un travail sur eux-mêmes pour tenter de comprendre pourquoi l'éveil ne s'est pas produit. Le découragement les fera alors définitivement baisser les bras.

Tentons à présent de répondre à ces mêmes questions après avoir lu, entièrement ou en partie, le *Mahabharata*, la grande épopée du roi Bharata et de ses descendants[2].

Il nous apparaîtra que le non-assouvissement d'un désir, fût-il impérieux, ne constitue en rien un échec.

Dans la *Bhagavad-Gita*, ou *Chant du Bienheureux*, l'un des textes majeurs de l'hindouisme, extrait du *Mahabharata*, une conversation entre le guerrier Arjuna et son cocher, qui est aussi une divinité, Krishna, insiste sur le comportement à adopter lorsque l'objectif fixé n'est pas atteint. La leçon de Krishna consiste alors à dire : peu importe l'accomplissement ou non du but recherché, il ne faut pas pour autant changer d'attitude et se laisser envahir par la frustration et la tristesse. Pour éviter un tel déluge de ressentiment, il faut savoir renoncer à investir des désirs dans les actes. Dans cette morale, le renoncement n'est pas appréhendé comme un recul, mais au contraire, il est associé à une philosophie de vie permettant d'abandonner les choses pour mieux avancer. Contrairement à ce que nous apprenons en Occident, la *Bhagavad-Gita* enseigne un renoncement positif et philosophique.

Le renoncement est alors annonciateur d'un retour constructif. C'est le sens de la morale prodiguée au guerrier Arjuna alors qu'il fait face à un terrible dilemme : combattre ses propres cousins avides d'une lutte fratricide ou bien renoncer à son honneur militaire en refusant la bataille. Devant un présage aussi funeste, Arjuna ne sait que faire. Le choix est si dur que le valeureux guerrier est soudainement pris de tremblements et de terribles douleurs traversant tout son corps et paralysant son esprit.

Faut-il suivre la loi de la guerre ou le sens des valeurs familiales ? Arjuna craint d'être accusé de traîtrise et de faiblesse s'il ne mène pas le combat ; dans le même temps, il ne veut pas tuer tous ses cousins, et ce faisant éliminer sa lignée. Cruel dilemme.

À première vue, il n'y a pas de bonne solution face à ce choix cornélien. Pourtant, Krishna va lui proposer une troisième voie. Il va expliquer à Arjuna qu'il doit renoncer à atteindre un but pendant le combat, autrement dit, il doit renoncer à investir des désirs dans les actes. Dans une guerre, il ne peut y avoir de but, au sens de satisfaction à retirer, comme l'honneur, la richesse ou autre. Krichna démontre à Arjuna qu'une guerre, c'est d'abord et avant tout un sacrifice. Cet enseignement va à l'encontre de toutes nos guerres contemporaines, qui sont quasiment toutes déclarées au nom d'une certaine conception du bien, de la liberté et de la démocratie.

Tout en conduisant le char d'Arjuna, le dieu Krishna l'appelle à faire de l'action une ascèse, en faisant preuve de détachement. Si on appliquait cette puissante leçon à la recherche du sacré, cela reviendrait à transformer notre quête en longue marche désintéressée. Il ne s'agit pas tant de voir le sacré, comme on peut s'attendre à une apparition, que de l'imaginer et l'espérer. Tendre vers l'objectif vaut tout autant que l'atteindre.

Nous avons oublié en Occident la signification réelle du renoncement, ou plutôt de la gestion de notre frustration. Nous l'associons systématiquement à l'échec, alors que nous pourrions y déceler de la satisfaction, et peut-être même du bonheur. Mais pour entrer dans une telle manière de voir et de penser, il nous faut passer une étape supérieure, celle de la sagesse. Ainsi, pour continuer à être heureux sans pour autant avoir été investi par le sacré, il faut s'épanouir dans la quête du sacré, même si elle risque d'être sans fin. La morale stoïcienne nous apprend à faire la différence entre ce qui dépend de nous et ce qui nous dépasse. Le sacré nous dépasse (c'est même sa définition) et nous n'y pouvons rien. Au lieu de chercher à tenter d'agir sur ce qui ne dépend pas de nous, sortons de notre cadre de pensée étriqué, oublions toutes les normes qui nous écrasent, et imaginons le renoncement comme une libération par rapport à de nombreux faux désirs qui nous enferment et risquent de nous entraîner vers un abîme de tristesse.

J'ai appris sur le tard que le renoncement est une valeur élégante et enthousiasmante. Je dois reconnaître que cet apprentissage s'est fait dans la douleur. Je tente de m'y convertir lentement, au début avec méfiance, et aujourd'hui avec sérénité. J'ai compris que l'essentiel n'était pas dans la finalité de l'objectif, mais dans le chemin emprunté. C'est devenu ma grille de lecture, sans prétention et sans aucune volonté de donner une leçon, ce dont je me sens bien incapable. Je considère simplement le renoncement comme une valeur suprême. Une valeur dont la récompense se mérite, tant il n'est pas aisé d'accepter que l'abandon d'un désir ne constitue pas un échec, mais les prémices d'une nouvelle étape, comme une porte qui s'ouvre sur un autre chemin. Cet abandon est alors synonyme de libération.

Cette éthique de la vie requiert de l'exercice et un travail colossal, qui est celui de savoir contempler et regarder. Savoir regarder autour de soi pour trouver toutes les portes dérobées, issues de secours et autres voies de traverse. Il me faudra sans doute encore longtemps pour trouver l'escalier de service alors que je m'entêtais à emprunter l'allée centrale. Là encore, il n'est pas facile de préférer les échappées aventureuses aux routes balisées. Naturellement, l'être humain est rétif aux mouvements de contournement et d'échappement. Prendre la tangente est synonyme de risque dans nos sociétés modernes. Nous n'acceptons plus ce qui est aléatoire. Réapprenons le lâcher-prise, car nous n'avons pas le contrôle sur tout. Notre volonté de tout maîtriser est devenue dangereusement obsessionnelle.

Il m'a fallu lutter pour aller contre cette nature. Il m'a fallu longtemps pour comprendre.

Près de quarante ans pour comprendre l'importance du renoncement.

13

Le sacré ou la décomposition

Dans nos sociétés contemporaines, nous avançons la corde au cou, en pénitent. Coupables de tout, nous ingurgitons, matin, midi et soir, des discours moralisateurs. « Il faut voir comme on nous parle », chante Alain Souchon. Infantilisé, rabaissé, diminué, l'individu, et plus spécifiquement l'individu en Occident, fait figure de coupable idéal. L'échine courbée, nous sommes appelés, pour notre bien et au nom de cet idéal du bien pour tous, à nous convertir à la religion du progressisme. Dans ce nouveau temple de la modernité et du nihilisme, où toute référence nostalgique est criminalisée, où le profane est vénéré, où toute vie intérieure est ringardisée, la dimension religieuse et sacrée de l'homme a été gommée, empêchée, et finalement éjectée loin de nous.

L'ouverture au monde portée par la suppression des différences et par l'oubli des racines est devenue une idéologie de remplacement à l'ouverture au sacré. Pour mieux imposer la doxa progressiste, une véritable entreprise de démolition et de décrédibilisation du sacré est à l'œuvre. L'homme est sciemment désarmé.

Tout est fait pour exclure les manifestations du sacré de nos vies. Cette exclusion forcée, cet exil profane, synonyme de mon point de vue de décivilisation, se fait par étapes. Il ne s'agit pas tant d'une privation franche du mystère qui nous entoure que d'une somme de petites attaques diffuses contre ce qui fait encore sens dans nos sociétés. L'injonction à éradiquer toute valeur dite traditionnelle, l'appel à transcender les garde-fous culturels, le projet de déconstruction de l'homme blanc occidental condamné à une repentance perpétuelle, tous ces mouvements tendent à nous ébranler dans notre foi – pas forcément religieuse – en un sacré rassembleur.

Dans un tel contexte, le sacré peut-il encore échapper à l'usure ? ou à la mort ? Peut-on restaurer le sacré dans notre civilisation déclinante ? Soyons lucides, le chemin sera long.

Nous errons dans une civilisation de somnambules vers un avenir sans sacré. Or, le sacré est l'une des dernières chances de survie de notre civilisation. Veut-on alors d'une civilisation désacralisée ? Va-t-on capituler et accepter un abaissement des exigences spirituelles ? Pourra-t-on vraiment résister et s'élever pour empêcher, ou du moins freiner, cette désacralisation en cours ? Collectivement, nous disposons de ressources suffisantes pour résister et éviter l'atrophie spirituelle. Le sacré est, et reste, une dimension irréductible de l'être humain. Pour cette raison, l'individu ne peut pas vivre dans un monde où le sacré serait empêché ou effacé. Si tel était le cas, nous irions droit vers la désintégration. Parce que le sacré permet de nous réunir, parce qu'il donne un sens à la nation, il est urgent de ressusciter l'idée de « nation sacrée », corollaire de la conscience de notre bien commun. Comme l'explique Pierre Manent[1], la nation est une forme politique propre à l'Europe. Pleinement développée, cette nation constitue une sorte de synthèse entre la Cité et l'Empire, à savoir un mélange entre la liberté politique de la cité et la puissance propre à l'empire. Pour le philosophe allemand Hegel, le christianisme a un rôle primordial dans la constitution de la nation. Cette particularité va conduire le chrétien, qui est aussi citoyen, à suivre à la fois la proposition chrétienne, mais aussi à veiller à sa propre destinée dans le cadre de la nation, de sorte que la proposition chrétienne s'y inscrive. C'est ce double processus civilisateur que j'appelle de mes vœux pour le sacré. Il s'agit donc de conjuguer l'exigence de la proposition sacrée avec la vie de tout citoyen dans le contexte de la nation. Il me semble qu'il n'existe pas d'avenir si le schéma de nation est effacé. Tout comme il me semble qu'il n'existe pas d'avenir occidental, et plus singulièrement européen, s'il n'existe pas l'ouverture à la proposition sacrée. C'est la raison pour laquelle l'approche sacrée est essentielle. S'éloigner du sacré pour un monde de rationalités serait dévastateur.

Sevrer l'être humain de toute vie intérieure pour ne lui proposer, ou ne lui imposer, qu'un monde de sciences et de technologies, c'est le précipiter tout droit vers l'abîme. L'approche rationnelle et scientifique ne peut en aucun cas tenir lieu d'idéal pour l'être humain.

Depuis les années 1970, une nouvelle anthropologie tente de nous faire croire que l'individu serait d'autant plus libre, d'autant plus débarrassé de toutes les contraintes qui l'entourent, qu'il serait délesté de tout héritage à porter et de tout mystère à explorer. Comme l'explique Bérénice Levet dans *Le Crépuscule des idoles progressistes*[2], toute une génération a été élevée dans le mythe, et même le culte, de la non-transmission, de la construction de soi sans héritage, dans un but d'accéder à une liberté qui s'est révélée totalement factice. Ce mouvement, qui se présente comme progressiste, a contribué à éloigner l'individu des éléments constitutifs de sa civilisation. L'objectif étant de nier à l'homme, et plus largement aux peuples, un droit à la continuité historique.

L'individu a ainsi été invité à être lui-même, et on lui a fait croire que c'était largement suffisant. En ce sens, cette nouvelle anthropologie a mis de côté le sacré en essayant de l'écarter de la vie et de la vue de l'individu. Un éteignoir a été posé et imposé sur le sentiment sacré, faisant croire à l'être humain que le bonheur était ailleurs. Dans ce cadre de vie, l'opulence de nos sociétés devait suffire à satisfaire tous nos besoins. Ce mensonge, depuis longtemps propagé, a été dénoncé par le philosophe et économiste autrichien Leopold Kohr, inventeur du concept « *small is beautiful* », mais aussi et surtout, grand pourfendeur d'un monde de plus en plus obèse et fou. Par son extraordinaire formule, « Partout où quelque chose ne va pas, quelque chose est trop gros[3] », Kohr nous rappelle l'importance impérieuse des questions de taille et, en fin de compte, de juste équilibre dans nos sociétés. Plus nos besoins sont importants, plus le monde qui nous entoure verse dans l'hypertrophie afin de donner l'illusion de nous satisfaire et de contribuer à notre bonheur.

Cette démesure matérielle a masqué le besoin et l'appétit du sacré. De nouveau, nous sommes amenés à nous interroger sur l'essentiel. De quoi avons-nous réellement besoin ? De redevenir une puissance économique, certes, mais aussi et surtout de rayonner par la force d'un sacré rassembleur. Pendant trop longtemps, l'économie a supplanté une richesse oubliée : l'excédent de sacré et de spiritualité. Une richesse inestimable qui malheureusement n'entre en compte dans aucune balance commerciale.

Cette richesse du sacré nous permettra de lutter contre de multiples dangers qui nous guettent. J'ai tenté d'appréhender une partie de ces menaces dans mon précédent ouvrage[4], en appelant à une insoumission afin de lutter contre toutes les idéologies déconstructrices regroupant les décoloniaux, les écologistes radicaux, les néoféministes, jusqu'aux fondamentalistes islamistes. Notre devoir consiste à opposer un plan de bataille à ces adeptes de la civilisation du néant.

Leur projet, bien connu, consiste à affaiblir ce qui fait encore sens dans nos sociétés. Ils misent, entre autres choses, sur la désintégration du sentiment d'appartenance national. Pour cela, force est de constater qu'ils sont bien aidés par notre faiblesse intrinsèque à développer un véritable récit national, mêlant les grandes figures de l'histoire et une solide référence au sacré. Nos lâchetés successives ont favorisé le discours victimaire et révolutionnaire de ces minorités grandissantes. Jusqu'à quand laisserons-nous ce poison couler dans les veines de notre culture ? Le plus déroutant reste ce laisser-aller de notre part. Comme si nous ne prenions pas, collectivement, conscience de l'abîme qui se rapproche. Pourtant, les coups de boutoir de ces « destructeurs » de ce qui fonde la civilisation sont de plus en plus puissants. Cette vaste opération de dépeçage nous empêche désormais de célébrer la grandeur de notre histoire. Elle contribue aussi au rabougrissement de nos âmes, moquant et ringardisant toute référence au sacré.

Les démolisseurs ont-ils déjà réussi à gommer toute trace de spiritualité dans nos sociétés ? Ils y travaillent sans relâche en tentant de créer une fêlure dans la croyance à notre imaginaire collectif. En tentant aussi de nous faire culpabiliser, pour entraîner de notre part génuflexion et contrition. En tentant enfin de nous éloigner de toute forme d'exaltation et de ferveur salvatrice.

Désormais, le temps du réveil a sonné. Cette étape passe par une prise de conscience de l'importance de notre héritage civilisationnel. Notre instinct de survie nous fait enfin réagir. Nous comprenons davantage aujourd'hui combien il est important d'être rattaché à quelque chose de plus puissant que nous. Nous admettons que les mœurs et les usages peuvent nous guider et faire le lien entre les peuples. Les populations ne se contentent plus de ce qu'elles sont, elles ont de plus en plus besoin de cette tension qui les dépasse. La raison raisonnante nous a trop longtemps desséchés. Un vaste fossé s'est creusé entre ce que devrait être la vie humaine et ce qu'elle est devenue.

Sortons de ce nihilisme forcené qui nous ramène sans cesse à l'instant présent. Pensons le temps long pour être en mesure de relier le présent au passé. Ce n'est pas être réactionnaire que de le souhaiter, au contraire, il s'agit de s'attarder sur le temps long qui nous fait comprendre que nous ne sommes pas le centre de l'univers.

Le nihilisme nous empêche de penser la civilisation. Le sacré nous permettra de réparer cette longue errance qui a été la nôtre. Il nous permettra aussi de stopper net cet exil psychologique. Nous entamons en quelque sorte une vaste entreprise de sevrage du corps et de l'esprit en nous faisant le serment des retrouvailles avec le sacré.

Nous allons de nouveau redécouvrir son visage. Faire en sorte qu'il redevienne notre patrie. Nous allons nous reconnecter avec lui comme les paysans au contact de la terre. Il s'agit moins d'un retour à la terre, expression galvaudée, que d'un retour au temps des paysans, des ouvriers agricoles, des campagnards, des paysagistes, de tous ceux qui connaissent et reconnaissent les cycles de la nature. Il est tout à fait possible de conjuguer la transcendance du sacré avec l'immanence de la nature, pour renouer avec le beau et le sublime. Cherchons sans tarder la symphonie, loin de toute cacophonie. Cultivons dès à présent cette ascèse de vie qui n'implique aucunement une injonction à la sobriété faussement heureuse. Il n'est pas ici question de se dépouiller, mais, au contraire, de se remplir d'autre chose. Organisons cette insurrection. Retrouvons l'antériorité avec laquelle nous avons rompu. Acceptons que quelque chose qui nous dépasse préside tout.

Vivons de nouveau au rythme de nos existences. Désaliénons-nous pour enfin jouir de la beauté. La vérité du monde n'est-elle pas dans ce monde que nous ne regardons plus ? Pour le voir à nouveau, inspirons-nous de la sagesse paysanne face à la frénésie contemporaine, et cherchons à penser l'instant sur l'échelle de l'éternité.

Cette manière de voir les choses et le monde nous fera prendre conscience de ce qui restera après chacun d'entre nous. Comme l'a écrit Saint Exupéry dans sa lettre adressée au général X[5], « De ce que j'ai aimé, que restera-t-il ? Autant que des êtres, je parle des coutumes, des intonations irremplaçables, d'une certaine lumière spirituelle. » Saint Exupéry s'interroge sur l'essentiel, à savoir la civilisation, l'héritage, sur ce qu'il adviendra, sur ce qu'il restera.

Je considère que c'est la seule question qui vaille. De ce que nous avons aimé, que restera-t-il ?

Posez-vous la question en refermant ce livre.

De ce que vous avez aimé, que restera-t-il ?

En guise d'épilogue

Comment le sacré m'a sauvée

Le sacré m'a sauvée. Au risque de passer pour une illuminée dans une époque où la croyance est ringardisée, je l'affirme : le sacré m'a sauvée… *in extremis*. Mais je l'affirme modestement, parce que je reste habitée par le doute, et que ma foi n'est pas une façon d'assener ce que je crois savoir ; au contraire, c'est une façon d'interroger et d'habiter l'ignorance.

Le sacré m'a sauvée, car il m'a permis d'aborder le vide, l'inconnu et la mort avec une sérénité totale et une détermination tranquille. Cet état de fait a fini par s'imposer à moi après le décès brutal de ma mère adorée. Suite à sa disparition, je me suis posé la question du sens de la vie. À quoi cela sert-il de vivre ?

Je sais bien que je ne suis pas la première et que je ne serai pas la dernière à m'interroger sur ce sujet ; toutefois, la banalité d'un tel questionnement après un deuil n'enlève rien à l'importance de l'interrogation elle-même. J'entends encore certaines personnes me répéter que beaucoup d'autres familles vivent la même situation et se posent donc la même question. Pourquoi ne comprennent-ils pas, tous ces gens, qu'insister sur la souffrance des autres ne va pas soulager la mienne ? D'autres encore, ne sachant trop quoi dire, avancent l'argument du temps qui passe et qui panse les plaies. Je crois bien qu'il s'agit là de la pire et de la plus absurde consolation qui soit. Attendre que le temps passe pour tenter d'oublier. Mais oublier quoi ? Là encore, pourquoi ne comprennent-ils pas, tous ces gens, que je ne veux pas oublier ? Que je veux, au contraire, rester emmitouflée dans ma souffrance ; que je ne quitterai pour rien au monde cette douleur, car elle est le lien qui me raccorde encore à ma mère adorée. Et que le temps qui passe est un temps que je voudrais stopper net, car les mères incarnent cette pause dans l'horloge de la vie, elles, qui ont tout leur temps pour nous, pour leurs enfants. Le temps qui passe, c'est aussi la mère qui part.

Voilà pourquoi je voudrais écraser le temps contre un mur afin qu'il se fige définitivement, qu'il prenne la forme d'un objet compact et infranchissable. Je ne cesse de rêver à un arrêt sur image définitif de toutes les montres de la planète, alors que tout le monde disserte sur un temps qui doit nécessairement s'écouler. Je souhaite le figer, lorsque tous n'aspirent qu'à l'accélérer. Ils n'ont pas compris qu'arrêter le temps, en faire une matière morte, serait pour moi la seule manière de faire revenir Maman. Ils n'ont pas compris que le temps qui passe revient à accepter cette séparation majeure et radicale, ce que je me refuse à admettre. Maintes fois, ma mère m'est apparue dans mes rêves, belle et jeune, si jeune et si belle… Elle avait l'âge que mon esprit d'enfant lui a attribué. Éternellement vingt ans. Et le temps qui passe n'y changera rien. Maman adorée est là. Pas vraiment partie. Pas complètement revenue.

Durant cette sombre période, chaque parole destinée à me réconforter ressemble en réalité à une flèche qui me fait abondamment saigner. C'est pour cette raison, et avant de finir entièrement transpercée, que j'ai décidé d'entamer un chemin personnel en me laissant bercer par un mouvement intérieur, en adhérant à une reviviscence d'un amour éternel, en acceptant la grâce de croire en le sacré.

Il m'a fallu quelques secondes pour m'en rendre compte, en regardant une dernière fois le visage de ma mère adorée. Enveloppée dans un drap blanc immaculé, un léger sourire sur ses lèvres, les pommettes saillantes, le front fier, des taches de rousseur délicatement disséminées autour de son nez si délicat, elle irradiait le sacré. Elle savait que Dieu était avec elle, et me l'a fait savoir. À ce moment précis, il y eut un jaillissement de flammèches de sacré autour d'elle. Un véritable festival qui m'a ravi le cœur et les yeux. Je les revois encore virevolter élégamment. Ce spectacle intérieur était bien réel. J'ai entendu le solfège du sacré. Je ne décris ici aucun songe, et je ne suis victime d'aucune hallucination.

J'ai vécu le sacré comme une rencontre radicale avec moi-même. Depuis ce moment, je vis en dedans de moi comme si je recelais depuis longtemps une part de sacré, sédimentée, qui attendait le moment de surgir. Une fois libérée, je l'ai révélée. Et je l'affirme, le sacré m'a sauvée.

Il m'a sauvée, car il m'a remise debout pour que je m'acharne à répondre à la question : à quoi sert-il de vivre ? Je n'ai aucune certitude sur la réponse ; toutefois je sais que, dans ce monde de vacarme et de cynisme, nous ne sommes pas là pour changer le monde, mais pour changer quelque chose dans le monde. Le sacré m'a permis d'avoir la force de chercher un début de réponse. Il m'a permis de transcender la mort par l'amour et le beau. Je ne peux vous apporter aucune preuve attestant formellement de ce que j'ai vécu.

Je peux simplement, et le plus honnêtement du monde, vous dire que je l'ai vécu. En réalité, depuis des années, j'éprouvais un terrible manque, une affreuse angoisse de voir disparaître ma mère adorée. Aujourd'hui, je sais que cette pièce manquante qui me faisait souffrir n'était pas tant la peur de la mort elle-même que la peur d'un manque de sacré pour accompagner cette mort.

Pourquoi est-ce que je ne doute pas que le sacré m'a sauvée ? J'aime à rappeler cette légende médiévale autour de saint Augustin. Celui-ci se promenait sur la plage de Carthage, méditant sur la Trinité, lorsqu'il rencontra un enfant muni d'un coquillage. Dans un mouvement inlassable, le petit garçon prenait de l'eau dans la mer, puis la déversait dans un trou creusé dans le sable. « Que fais-tu donc ? », lui demanda le vieil homme. « Je veux faire entrer la mer dans mon trou », répondit l'enfant sur un ton déterminé, poursuivant vigoureusement son action. « Mais, mon pauvre enfant, tu n'y arriveras jamais ! », réagit l'évêque. Tout en disant cela, saint Augustin se sentit obligé de se remettre en question. Pourquoi était-il si sûr que l'action de ce petit enfant était vouée à l'échec ? Avait-il lui-même péché par trop de curiosité et d'assurance face au mystère ? Et nous ? Que devons-nous penser ? Qui devons-nous croire ? L'enfant ou saint Augustin ? Peut-être que cet enfant aurait fini par réussir ? Peut-être faut-il faire confiance au doute ? C'est ce que je vous propose de faire. Douter comme je doute du sens de la vie après la disparition de ma mère adorée. Douter après un deuil est une attitude parfaitement normale et presque banale. Accablée par tant de souffrance, comment pourrais-je ne pas douter du sens de l'existence ? Comment pourrais-je ne pas m'interroger sur cette injustice qui m'est faite ? Comment pourrais-je cacher la fragilité de ma foi qui se trouve malmenée et ébranlée ? Le chemin spirituel est un chemin semé d'embûches. Il « est aussi brutal que la bataille d'hommes[1] », disait Rimbaud. Je ne cesse donc de douter. Mais il y a une chose dont je ne doute plus désormais. Je ne doute plus qu'un jour je la reverrai. Je ne crois pas en une vie après la mort simplement parce que j'ai besoin d'y croire, j'y crois car je ne peux me résoudre à l'absurdité d'une telle existence qui finirait sur le néant. J'y crois aussi car la voie du sacré m'a permis de voir plus loin que notre seule présence sur terre. Cette croyance me vient de haut et de loin. Finalement, je suis devenue ce que j'ai toujours été, à savoir totalement perméable au sacré. Étais-je prédestinée à cela ?

Cette question renvoie à toute l'histoire de la confrontation entre les partisans du déterminisme et les défenseurs du libre arbitre. Pour ma part, je peux affirmer que je suis partisane du tragique du poète grec Pindare. Je suis donc devenue ce que je suis. Je suis devenue sensible à la question de l'immortalité de l'âme. Une âme qui serait le pendant de nos actions ici-bas. Une âme dont il est difficile de parler en quelques lignes, tant il est compliqué pour nous, simples humains, de nous imaginer cette vie supraterrestre. Il n'y a pas de preuve qui puisse être apportée à cette existence. Mais il n'y a pas non plus de contre-preuve à la réalité d'une telle âme éternelle. Voilà pourquoi je m'y accroche en dépit de tous les scepticismes. La foi n'est pas une certitude, elle repose sur un doute. Un doute que je fais mien en attendant les retrouvailles avec ma maman adorée. Comme disait souvent Jean d'Ormesson : « Ma foi est la forme de mon espérance. » Et mon espérance est très grande. Si grande qu'elle m'a permis de me relever. C'est ce relèvement à la fois personnel et universel que j'appelle de mes vœux, collectivement, par la voie du sacré. Nos sociétés ont besoin de retrouver le goût de la transcendance, l'énergie de la verticalité, la conscience des images philosophiques, la marque du mystère, la beauté de la contemplation, la grâce d'une vie intérieure, la permanence des rites, la recherche de la vérité.

Vraiment, il est temps de reconquérir le sacré.

Notes

Avant-propos

1. Jean-Pierre DUPUY, *Avions-nous oublié le mal ? Penser la politique après le 11 Septembre*, Bayard, 2002.

2. Laurent de SUTTER, *Éloge du danger (Propositions, 2)*, coll. « Perspectives critiques », PUF, 2022.

3. Max WEBER, *L'Éthique protestante et l'Esprit du capitalisme*, Archiv für Sozialwissenschaft und Sozialpolitik 1904/1905.

4. Max WEBER, *Le Savant et le Politique*, traduction en français de deux textes issus de conférences prononcées en 1917 et 1919 à l'université de Munich, Wissenschaft als Beruf et Politik als Beruf.

5. Émile DURKHEIM, *Les Formes élémentaires de la vie religieuse*, PUF, 1912.

6. Georges BATAILLE, *L'Expérience intérieure*, Gallimard, 1943.

7. Michel LEIRIS, « Le sacré dans la vie quotidienne », conférence du 8 janvier 1938 dans le cadre du collège de Sociologie.

8. Régis DEBRAY, *Jeunesse du sacré*, Gallimard, 2012.

9. René GIRARD, *La Violence et le Sacré*, Grasset, 1972.

10. Boris CYRULNIK, *Les Nourritures affectives*, Odile Jacob, 1993.

1. Introduction au sacré

1. Nicolas Bouvier, *L'Usage du monde*, Librairie Droz, 1963.
2. Frédéric Lenoir, *Les Chemins du sacré*, Éditions de l'Observatoire, 2020.
3. Henry David Thoreau, *Walden ou la vie dans les bois*, Nouvelle Revue Française, traduit par Louis Fabulet, 1922.
4. Ernst Jünger, *Traité du rebelle ou le Recours aux forêts*, Éditions du Rocher, traduit de l'allemand par Henri Plard, 1951.

2. Mon cheminement vers le sacré

1. Karen Blixen, sous le nom de plume d'Isak Dinesen, *La Ferme africaine*, Gyldendal (Danemark), 1937.
2. Paul Valéry, « Petite Lettre sur les mythes », *Variété II*, Gallimard, 1930.
3. Henri Vermorel, *Sigmund Freud et Romain Rolland. Un dialogue*, Albin Michel, 2018.
4. Blaise Pascal, *Pensées*, Guillaume Desprez, 1670.
5. Henri Bremond, *Histoire littéraire du sentiment religieux en France, depuis la fin des guerres de Religion jusqu'à nos jours*, Bloud et Gay, Éditeurs, 1916.
6. Saint Augustin, *Confessions*, X, 27.
7. Michel de Montaigne, « De la cruauté », *Essais*, Livre II.

3. Le sacré est l'avenir de l'humanité

1. Roger Caillois, *L'Homme et le Sacré*, PUF, 1939.
2. Émile Durkheim, *Les Formes élémentaires de la vie religieuse. Le système totémique en Australie*, PUF, 1912.
3. Yi-Fu Tuan, *Space and Place. The Perspective of Experience*, University of Minnesota Press, 1977.

4. Françoise CHAMPION, Sophie NIZARD et Paul ZAWADZKI (dir.), *Le Sacré hors religions*, L'Harmattan, 2008.

5. Michaël BLOCH, « Serge Klarsfeld : "Auschwitz, un lieu de mémoire maudit et sacré" », *Le Journal du Dimanche*, 25 janvier 2015, https://www.lejdd.fr/Societe/Serge-Klarsfeld-Auschwitz-est-un-lieu-de-memoire-maudit-et-sacre-714708

6. Mircea ELIADE, *Le Sacré et le Profane*, Gallimard, 1965.

7. PLATON, *Gorgias*, présentation et traduction par Monique Canto-Sperber, Flammarion, 2018.

4. Le progrès n'est pas sacré

1. Albert HIRSCHMAN, *The Passions and the Interests. Political Arguments for Capitalism before its Triumph*, Princeton University Press; Revised edition, 1977.

2. Paul DUMOUCHEL et Jean-Pierre DUPUY, *L'Enfer des choses. René Girard et la logique de l'économie*, Seuil, 1979.

3. Robert NADEAU, « Problématique de la preuve en épistémologie contemporaine », *Philosophiques*, vol. 7, n° 2, octobre 1980.

4. Robert REDEKER, *Egobody. La fabrique de l'homme nouveau*, Fayard, 2010.

5. Jean-Marie BROHM, *Le Corps analyseur. Essais de sociologie critique*, Economica Anthropos, 2001.

6. Evelyn UNDERHILL, *Mysticism*, Oneworld Publications, 1993.

7. Marcel PROUST, *Du côté de chez Swann*, Grasset, 1913.

5. Nature et sacré

1. SAINT AUGUSTIN, *op. cit.*, X, 6.

2. Jean-Philippe PIERRON, *Je est un nous. Enquête philosophique sur nos interdépendances avec le vivant*, Actes Sud, 2021.

3. Michel SERRES, *Le Contrat naturel*, Champs essais, 1990.

4. Lynn Townsend, « The Historical Roots of Our Ecologic Crisis », *Science*, 1967.
5. Pape François, *Lettre encyclique* Laudato si' *sur la sauvegarde de la maison commune.*
6. Albert Camus, *L'Envers et l'Endroit*, Gallimard, 1937.
7. Jean Grenier, *Albert Camus*, Gallimard, 1968.
8. Albert Camus, *Noces*, Gallimard, 1938.

6. Renouer avec le sacré

1. Anton Tchekhov, *L'Ours*, in *Pièces en un acte*, coll. « Babel », Actes Sud, trad. André Markowicz et Françoise Morvan, 2005.

7. Le sacré, sauveur de la civilisation

1. Alexandre Soljenitsyne, *Le Déclin du courage. Discours de Harvard, juin 1978*, Les Belles Lettres, trad. Geneviève et José Johannet, 2018.

8. Chrétienté et place du sacré

1. Dominique Iogna-Prat, *La Maison Dieu. Une histoire monumentale de l'Église au Moyen Âge*, Seuil, 2006.
2. Michel Onfray, *Métaphysiques des ruines*, Mollat, 1995.
3. André Gide, *Paludes*, Gallimard, 1895.
4. Christophe Boureux, « Le proche et le sacré chrétien : les entités non humaines en attente de reconnaissance », *in* Catherine Larrère et Bérangère Hurand (dir.), *Y a-t-il du sacré dans la nature ?*, Éditions de la Sorbonne, coll. « Philosophie », n° 36, 2014.
5. Marcel Gauchet, *Le Désenchantement du monde. Une histoire politique de la religion*, Gallimard, 1985.

9. Vigueur du sacré en islam

1. Louis MASSIGNON, *Situation de l'islam. Six causeries*, Librairie orientaliste Paul Geuthner, 1939.
2. SAINT AUGUSTIN, *La Vraie Religion*, Via Romana, 2010.
3. Samuel P. HUNTINGTON, *The Clash of Civilizations and the Remaking of World Order*, Simon & Schuster, 1996.
4. Caroline JUILLOT et Agathe NOVAK-LECHEVALIER (dir.), *Misère de l'homme sans Dieu. Michel Houellebecq et la question de la foi*, Flammarion, 2022.

10. Jérusalem et le sacré

1. JEAN-PAUL II, lettre apostolique *Redemptionis Anno*, 1984.
2. *Le Coran*, trad. D. Masson, Gallimard, 1967.

11. Comment éviter le choc des sacralités

1. Genèse 22, 1-19 ; Sourate 37, 102-107.
2. Mircea ELIADE, *op. cit.*

12. Le sacré et la *Bhagavad-Gita*

1. CHRÉTIEN DE TROYES, *Perceval ou le Conte du Graal*, XIIe siècle.
2. Le *Mahābhārata* est la grande épopée hindoue qui raconte en près de 106 000 vers répartis en dix-huit livres les hauts faits du roi Bhārata et de ses descendants.

13. Le sacré ou la décomposition

1. Pierre Manent, *Situation de la France*, Desclée de Brouwer, 2015.
2. Bérénice Levet, *Le Crépuscule des idoles progressistes*, Stock, 2017.
3. Leopold Kohr, *The Breakdown of Nations*, Routledge & Kegan Paul, 1957.
4. Sonia Mabrouk, *Insoumission française. Décoloniaux, écologistes radicaux, islamo-compatibles : les véritables menaces*, Éditions de l'Observatoire, 2021.
5. Antoine de Saint Exupéry, « Lettre au général "X" », écrite à La Marsa, près de Tunis, en juillet 1943, parue dans *Le Figaro littéraire*, n° 103, le 10 avril 1948, recueillie dans *Un sens à la vie*, Gallimard, 1956.

En guise d'épilogue
Comment le sacré m'a sauvée

1. Arthur Rimbaud, « Adieu », in *Une Saison en enfer*, Alliance typographique, 1873.

Table

CET OUVRAGE
A ÉTÉ ACHEVÉ D'IMPRIMER
SUR ROTO-PAGE
PAR L'IMPRIMERIE FLOCH À MAYENNE
EN AVRIL 2023

N° d'impression : 102494
Imprimé en France